從賽局理論看厚黑人性

■ 突破人生盲點的關鍵思維 ■

江子珉——編著

前言

有四位頗具姿色的美女和一位真正的絕色美人走進了酒吧，她們不知道的是，在酒吧的一角正有四個男子對著她們虎視眈眈。其中一人正在教他的三個男同學該怎樣去討好這些女生。這個男子說，在正常情況下，四個男子會同時對這位絕色美女展開攻勢。

但他認為，採取這種策略並不聰明，因為當所有男子都追求同一個女生時，他們會互相牽制，到頭來很可能沒有任何人能如願。況且這四人若被絕色美女拒絕後才追求其他四位美女，那麼這些女子也可能因成為別人眼中的「第二選擇」而發火，而將這些男生一腳踢開。因此這個男生提議，為了避免兩頭落空，他們應該一起冷落那位絕色美人，轉而去追求另外四位頗具姿色的女子。

以上這一幕正是美國環球電影公司於二〇〇一年所發行的電影——《美麗境界》（A Beautiful Mind，中國大陸譯《美麗心靈》，香港譯《有你終生美麗》）中的經典片段。而這個獻計的男人也就是該片的男主角、現代賽局理論的先驅——約翰・納許（John Forbes Nash Jr.）。該片重現了約翰・納許人生的傳奇經歷，描述了他如何運用「賽局理論」（Game Theory，又譯為對策論或博弈論）來掌控自己的生活，進而榮獲科學家的最高榮譽——諾貝爾獎；使世界大眾為之震撼，讓全球眾人意識到，**賽局理論時時存在，它就在我們每個人的身邊**；更在全世界掀起一股學賽局理論、用賽局理論的熱潮。

事實上，賽局理論的發生過程正是種生活現象。在日常生活中，我們每個人的一言一行對他人的影響不可謂不大。這種鬥智、鬥勇的決策過程，固然面臨著不確定性，但當中仍有規律可循，這就是「賽局理論」。**賽局理論就是討論人們在賽局理論的交互作用中如何進行決策的一門學問。**

賽局理論的應用範圍非常之廣。它已經被廣泛運用在經濟、管理、社交、政治、生物學等各個領域，以至於**著名經濟學家保羅・薩繆爾森**（Paul Anthony Samuelson）**說：「要想在現代社會中當一個有文化的人，你必須對賽局理論有大致的了解。」**如今，只要對策略稍微有點概念的人，幾乎都懂得賽局理論，不懂賽局理論的人在和這些人過招時，難免會屈居下風。

為了幫助那些在賽局理論中屢屢敗北的朋友，從策略上起碼能與對手並駕齊驅，甚至勝過競爭對手，我精心編寫了這本《從賽局理論看厚黑人性》。本書摒棄了市面上賽局理論枯燥的說理教條論述，透過精彩的小故事和深刻的剖析，來帶領讀者走出迷津，理解賽局理論當中的「詭計」；引領讀者如何與他人相處、怎樣適應並利用世界上的種種規則，並有效在這個過程中確立自己的人格與世界觀，從而改變對社會和生活的看法，使讀者以理性的視角和思路，來看待並解決問題。

閱讀本書，不僅能理解那些令人歎服的社會真實面向，還可以學到如何運用這些賽局理論的技巧，成為生活中的策略高手。

譬如，當你公車等了半小時車卻還沒來，每每想放棄另尋他法時，總想到既然已經等了這麼長的時間，就再等一下，等到車子終於在一個小時後出現時，而你也遲到了。此時，如果你了解賽局理論，你就會明白，已經花費的那半個小時屬於「沉沒成本」，不管你是走是留，它都不可收回，所以你的最佳策略是選擇立即走人，而非繼續等待。

例如，在公司裡，當你勤奮工作的時候卻總是有人偷懶，但是做出成績時的獎金卻是大家一同分享，你雖然忿忿不平，卻也無計可施。此時，若能善加運用賽局理論的技巧，你就會知道，應對這種典型的「小豬跟隨策略」，只能要求公司改變薪資獎勵制度，將薪資與個人工作績效完全掛鈎。

再如，當你去市場買衣服，經過一番辛苦的討價還價，本以為自己這次終於沒有吃虧，但走了沒幾步卻發現有人以比你便宜幾十元的價錢買到同樣的一件衣服。此時，運用賽局理論的技巧，你就會明白，在這種討價還價的賽局理論中，你與賣家總處於資訊不對等的地位，而想打破這種資訊不對等，只能採用貨比三家的策略，才能使自己買到物有所值，甚至是物超所值的衣物。

最後，我想提醒讀者的是：任何一本書都無法為你提供「錦囊妙計」。本書只能幫助讀者理解賽局理論，進而利用這樣的知識來影響生活。假如你想將書中的知識具體應用在自己所面臨的狀況，並作出正確的決策和選擇，那麼你勢必得接受創新的思維，親自落實——**懷疑、思考和實踐。**

目錄

賽局理論的英文為game theory。英語的game意即遊戲或競賽，是人們遵循一定規則所進行的活動，其目的是使自己「贏得勝利」。如何使自己與對手競爭時能勝出呢？此時，**不但要考慮自己的策略，也要考慮他人的選擇。**

Chapter 01

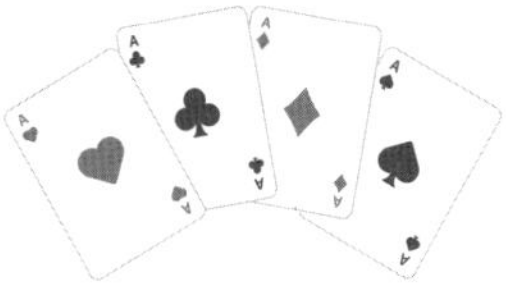

賽局理論：人人都想設法贏得勝利的遊戲

1.什麼是賽局理論

有天晚上，你參加了一場派對，屋裡有很多人，大家玩得很開心。突然間，屋裡失火了，火勢迅速蔓延，無法撲滅。此時，你急於逃生，發現面前有兩扇門：左門和右門，你必須在它們之間做出選擇。但問題是，其他人也在爭搶這兩扇門以求逃生。如果你選擇了大家都湧向的那扇門，可能因人多擁擠而無法逃出，最終葬身火海；相反地，選擇人少的那扇門，逃生的機會將大大增加。如果我們無須考慮道德因素，你會如何選擇？

這其實就是「賽局理論」。

經濟學家羅伯特・約翰・歐曼（Robert John Aumann）對「賽局理論」的解釋非常精闢。他認為，針對**「賽局理論」一詞比較合適的描述應該是「互動的決策論」，因為人們的決策與行為會相互影響，因此當一個人在做決策時，必須同時考慮身旁對象的行為反應。**

簡而言之，賽局理論是指人們在遊戲中所進行的選擇之策略研究，賽局理論的英文為game theory，game通常被翻譯為「遊戲」。但在西方，game的含義更接近於一種遵循規則的競賽活動，其目的在於贏得勝利。在這樣的競賽中，如何贏得比賽？這不僅取決於自己的決策，還需要考慮其他人的選擇，了解他人複雜而隱蔽的心理。

小王是一家公司的主管，他為人正直，但說話過於直接，經常未能顧及方式與場合發言。

有一次，公司剛好空出一個經理的職位，本來小王是最有希望晉升的，這件事也讓小王高興了好一陣子；沒想到，老闆卻把小王叫到辦公室，說這個職位要以外聘的方式填補，暫不考慮內部員工的升遷。小王頓時猶如被潑了一盆冷水，不悅的情緒立刻表現出來，雖然沒有對老闆說什麼，但私下卻牢騷滿腹。因為這個職位，除了小王，實在沒有更合適的人選，小王在這家公司的業績和能力是有目共睹的，而且頗得下屬的愛戴和佩服。

小王實在不理解老闆的想法，因此他再次找了老闆，陳述自己的努力與功績，主動爭取晉升，但老闆還是堅持己見。小王有點憤怒，一氣之下，向老闆提出辭呈，他覺得憑自己對公司的貢獻，老闆勢必會挽留他，但沒想到，老闆居然同意了。

第二天，新經理的職位由小李接任。小李的地位與小王相當，但能力卻不如小王。事實上，當天老闆也對小李說了同樣的話，但小李並未表現出任何不滿。最終，由於小王無法克制自己的情緒失控，平白將升遷的機會拱手讓給了他人。

在上述案例中，小王和老闆之間就是一場職場上的賽局理論，也是一次人際關係的互動。老闆對小王說的那番話，為的正是要看小王的反應，他想根據小王的反應，再作出自己的決定。結果小王因為牢騷滿腹，惹得老闆不快，好機會自然落不到他身上。

賽局理論所涉及的「遊戲」範圍甚廣，無論是人際關係的互動、球賽勝敗，甚或是橋牌與麻將之博弈出招、股市的投資等等，都可以用賽局理論巧妙地解釋。甚至可以說，紅塵俗世，莫不是賽局理論。「賽局理論」探討的正是這些尋求自利的「局中之人」如何透過個人決策採取行動，以及如何與對手互動，以尋求獲得勝利。

2.賽局無所不在

從經濟學的角度來看，當一種資源既為人們所需，且具備稀缺性、數量有限時，就會引發競爭。這種競爭需要以具體的形式來將各方人馬聚集在一起，一旦確立了這種形式，各方之間便會展開一場賽局。

那麼，今天你參與賽局了嗎？

要判斷自己是否已經參與了一場賽局，首先需要了解賽局理論的構成要素。如果你具備了這些要素，自然就已「身在此山中」。一般來說，每個賽局至少包含五個基本要素。

局中人

局中人也可稱為「決策主體」或參與者。在競賽或賽局中，每一個有決策權的參與者都被視為局中人。當賽局中只有兩個局中人時，稱為「兩人賽局」；而多於兩個局中人時，則稱為「多人賽局」。賽局理論中的參與者即是遊戲中所扮演的不同角色。

以象棋為例，棋盤上有多種角色：將、相、士、車、馬、炮和卒子，它們組成了一支小型軍隊。每個角色在棋局中都是一個局中人。當然，與真實的人生相比，這個模型過於簡單，但仍然能在一定程度上反映現實生活。

梁啟超曾說過：「唯有打牌可以忘記讀書，也只有讀書可以忘記打牌。」即使是像李清照這樣的才女，也對賭博充滿豪氣，不讓鬚眉。三明治伯爵約翰・蒙塔格（John Montague）發明了以自己名字命名的點心，目的只是為了能在進餐時不離開賭桌。即使是偉大的喬治・華盛頓（George Washington），在美國大革命期間，也曾在自己的帳篷裡設置賭局。正因為人類具有爭強好勝的天性，所以在整個人生中，賽局理論才會無處不在。因為人們時時刻刻都在思考如何與他人競爭，並將自己放在一個局中人的角度思考。

策略

在賽局理論裡有了局中人，就要開始進行策略的選擇。每個局中人都擁有可選擇的、實際可行的、完整的行動方案。這些方案不是針對某一階段的，而是涵蓋整個行動過程。從頭到尾由局中人籌畫的可行行動方案，稱為「策略」。

在賽局理論中，如果局中人只有有限的策略，則稱為「有限賽局」；如果策略是無限的，則稱為「無限賽局」。由於每個人都隨時扮演著局中人的角色，人生也就隨時要面對各種選擇，所以在人生這場大遊戲裡，策略的選擇更顯得至關重要；一旦選擇失誤，將可能導致人生的敗局，正如俗語所說：「一著不慎，全盤皆輸」。

效用

所謂效用，就是所有參與者真正關心的事物，即參與者的收益或損失，我們通常稱之為「得失」。在一局賽局結束時，每個局中人的得失不僅取決於他們自身選擇的策略，還與所有局中人共同制定的策略有關。

因此，在一局賽局結束時，每個局中人的「得失」是全體局中人所共同選擇的策略函數，通常稱為「報酬函數」（payoff function）。每個人都有自己的報酬函數，人在每一步行動中都會簡單計算效用的得失，也就是考慮一件事情是否值得去做。

資訊

在賽局理論中，策略選擇是手段，效用是目的，而資訊則是選擇手段的依據。資訊指的是局中人在作出決策前所掌握的所有相關知識，這些知識包括其他局中人的策略選擇對自己的影響，以及自己的策略選擇對自己的影響。

在策略選擇過程中，資訊是最關鍵的因素。只有掌握了足夠的資訊，才能準確地判斷他人和自己的行動。

兩軍對壘，知己知彼者必然取勝；在牌桌上，出老千的人每次都贏。公司裡的機密檔案屬於商業祕密，任何洩漏都可能為公司帶來災難。如果一個人提前掌握了內部資訊，他可能會因此大幅改變原有的計畫。

均衡

均衡是一場賽局的最終結果，是所有局中人選取最佳策略後形成的策略組合。均衡的含義是平衡，在經濟學中，均衡指的是相關變數達到穩定狀態。在供需關係中，如果某一商品在某一價格下，買方能順利購買，而賣方也能順利出售，我們就說該商品的供需達到了均衡。所謂「納許均衡」，指的是一種穩定的賽局理論結果，在這種情況下，沒有局中人可以透過單方面改變策略來改善自己的效用。

阿琳是某大型企業的部門副經理，她的能力有目共睹，無論是工作表現還是文字功力，都屬一流，這一點也得到了上司的充分肯定。

平時她熱情大方、率真自然，受人歡迎。但是，不久之前，公司內部提拔了一位無論是資歷還是能力與業績都不如她的女同事做部門經理。這讓她感到很生氣，眼看著處處不如自己的同事，一年之內竟然被「破格」提拔了三次，而自己的成績明明優於她好幾倍，上司卻好像視而不見，只是不停地丟更多的工作給她，好機會卻總沒她的份。

這次，她是真的惱了。她義憤填膺地跑到上司的辦公室去「質問」，並準備義正詞嚴地與上司「理論」一番，但就在她走到辦公室門口時，無意中聽到了一個公司的內幕消息，原來老闆準備叫她去擔任分公司的總經理，對她另有安排……聞訊她立刻感到氣消了，心情豁然開朗，高興地準備當天的工作。

一個資訊決定了阿琳的行動，並影響了她的策略選擇，可見資訊的重要性。

上述要素——局中人、策略、效用和資訊——劃定了賽局理論的遊戲規則。而均衡則是這場賽局的結果，也是遊戲的最終結局。

根據這些賽局理論的要素來判斷，你今天參與了一場賽局嗎？

3.賽局的核心：互動與結果

賽局理論是一門研究人們如何在互動中做出決策的學問，其核心在於理解決策者之間的相互影響及其導致的結果。我將透過兩個不同的故事探討賽局理論中的互動性和結果導向。每個局中人在決定採取何種行動時，不但要根據自身的利益和目的行事，也要考慮到自身的決策行為對其他人的可能影響，以及其他人的行為對自身的可能影響，透過選擇最佳行動計畫，來尋求收益或效用的最大化。

地獄與天堂的選擇：一場互動的賽局

有一個人死後到了天堂，在天堂待了數日，覺得天堂的生活太單調，於是就請求天使讓他去地獄看看，天使答應了他。

他到了地獄，看到繁花似錦的宮殿、一群群妖媚的女鬼以及各種美食，就對魔鬼說：「今天我決定在這裡過夜，聽說這裡很好玩。」魔鬼同意讓他留下來過夜，並派了個美女招待他。

第二天，那人回到天堂，跟地獄比起來，天堂的生活仍然很單調。過了不久，他又開始想念地獄的花天酒地，再次請求天使准許他去地獄。一切都如同上一次，他容光煥發地回到天堂。又過了一陣子，他向天使說他要去地獄永久居住，說完不理天使的勸告，堅決地離開了天堂。

他到了地獄，告訴魔鬼他是來定居的，魔鬼把他迎進去，但這次接待他的是一個蓬頭散髮、滿臉皺紋的老太太。

「以前接待我的那些美女到哪兒去了？」那人不滿又好奇地問。

「朋友，老實跟你說，旅遊是旅遊，移民卻不是那麼一回事！」魔鬼告訴他。

如果你不知道這個故事所蘊含的賽局理論原理，表示你還沒有掌握賽局理論的互動性。局中人的身邊充斥著其他具有主觀能動性的決策者，他們的選擇與其他局中人的選擇相互作用、相互影響。這種互動關係自然會對賽局各方的思維和行動產生重要的影響，有時甚至直接影響賽局結果。

我們先看局中人，在這個場景裡有天使、魔鬼、當事人。當事人有兩種策略選擇，一種是繼續待下去，一種是換個環境，例如地獄。這兩種選擇是他與自己生活狀態的一種博弈。如果我們把與他比賽的局中人換成天使，那麼他在選擇兩種策略的時候，就要考慮天使的反應。他想選擇第二種策略，去地獄，天使就面臨著「答應」與「不答應」兩種策略，若答應他怎麼辦，不答應他怎麼辦。當然，最後的策略均衡是答應了。

當事人去地獄後，魔鬼與他進行博弈。魔鬼先以美景誘惑當事人，待其決定定居後才露出真面目，這正是一種策略性互動，魔鬼的行為也會根據當事人的選擇進行調整。如果魔鬼一開始就展示地獄的真相，當事人肯定不會選擇留下。

這種互動關係在賽局理論中尤為重要。決策者必須預測對手的反應，並據此調整自己的策略。正如有些學者所說，**賽局理論或許更應稱為「互動決策理論」，因為每個行動者都必須考慮他人可能的行動。**這個故事提醒我們，決策往往不只是單方面的選擇，而是涉及多方互動的複雜過程。

洛克斐勒的商業決策：結果導向的策略

賽局理論的另一個核心原則是結果導向。

十九世紀中期，美國賓夕法尼亞州發現了石油，成千上萬人像當初採金熱潮一樣湧向採油區。然而，年輕的商人洛克斐勒（John D.Rockefeller）卻選擇在這場狂熱中退出，這一決策看似反常，卻為他日後的巨大成功奠定了基礎。洛克斐勒的策略選擇是基於對市場的冷靜分析和對其他競爭者行為的預測。他認識到，當大量投資湧入石油業時，油價必然會暴跌，這正是賽局理論中的典型結果。

洛克斐勒的成功體現了賽局理論中的「結果導向」原則。他選擇在市場飽和時退出市場，待油價暴跌、競爭者大規模退出後，反其道而行，重新進行投資。這種逆向思維使他在競爭中脫穎而出，最終創立了標準石油公司（The Standard Oil Company），成為美國歷史上最成功的企業家之一。

人的一生，本身就可以看成是永不停息的決策過程。我們時刻都在決策著，例如選擇什麼科系、報考什麼學校、從事什麼樣的工作、怎樣開展一項研究、如何打理生意、該和誰合作、做不做兼職、要不要換工作，甚至是要不要結婚、什麼時候結婚、和誰結婚、要不要孩子等等，而這些只不過是人生決策中的幾個重要事件而已，其他平常的決策更是數不勝數。

4.賽局理論的生活妙用

賽局理論與我們的生活息息相關。例如，吸菸傷肺，不吸菸卻可能讓人感到壓力或焦慮。因此，我們需要在是否抽菸之間進行權衡。如果這個菸民有家人或伴侶，那麼這個問題就不再只是個人選擇，而變成了一個需要運用賽局理論來分析的問題。

賽局理論的思想可以追溯到古代的策略性思考，而現代賽局理論則應用得更加廣泛，不僅限於戰爭和經濟領域，也深入到我們生活的各個面向，如朋友、婚姻、工作等。即使是日常瑣事，也往往能夠運用賽局理論來分析。

例如下面這個用博弈論解決了生活難題的例子——怎樣與朋友分攤房租問題。剛到美國的留學生大多會與他人合租公寓，這就涉及到如何合理分攤房租的問題。通常，大家會互相商量，達成一個比較合理的協議，但很少有人認為自己在這過程中占了便宜。很多人在談錢時會感到不好意思，通常推辭一番後才會有人提出意見，另一個人若覺得對方所提出的意見與自己想法相差不遠時，就會同意。

然而，有人運用賽局理論設計了一個合理的分攤房租的公式，這樣的方式能讓大家都覺得更加公平合理。

學生A和B二人決定合租一個兩房一廳的公寓，房租費每月550元。1號房間是主臥室，寬敞明亮，並且帶有衛浴設備。2號房間相對小一些，用外面的衛浴設備，如果有客人來，當然也得用這個。A的經濟條件稍好，B則窮困一些。現在怎麼分攤這550元的房租呢？

按照公式的第一步，A、B兩人各自將他們認為合理的房租方案寫在紙上。A_1、A_2、B_1、B_2分別表示兩人認為兩間房間合適的房租金額。因此，$A_1+A_2=B_1+B_2=550$。

第二步，依照兩人所寫的方案來決定誰住哪個房間。如果A_1大於B_1（必然B_2大於A_2），則A住1號、B住2號，反之則A住2號、B住1號。例如，$A_1=310$，$A_2=240$；$B_1=290$，$B_2=260$（從這樣的數字可以看出，A寧願多出一點住好一點，而B則相反），所以A住1號房，B住2號房。

第三步，定租。每間房間的租金等於兩人所提數字的平均數。A的房租＝（310＋290）／2＝300，B的房租＝550－300＝（240＋260）／2＝250。結果：A的房租比自己提的數目小10，B的房租也比自己願出的少了10，雙方都覺得自己占了便宜。

按這樣的公式分租，每個人都覺得自己占了便宜，而且雙方感受到的好處是對等的。最壞的情形也是「公平合理」。如果有誰吃虧了，那一定是因為他試圖投機取巧卻未能成功，因此即便吃了虧，也無法抱怨。如果運用賽局理論的思維來進行分析，我們可以得出如下結論：

1. 由於個人經濟條件和喜好不同，兩人的分租方案就會產生差異，按照一般的辦法將難以達成共識。在這個公式中，這一差別是「剩餘價值」，被兩人分了，意見分歧越大，分紅越多，兩人就越滿意。最差的情形是兩人意見完全一致，誰也沒占到誰的便宜，也沒吃虧。

2. 說實話的人絕不會吃虧，會吃虧的唯一原因是撒謊。假定A的方案是他真心認為合理的金額，那麼不論B的方案如何，A的房租一定會比自己提出的方案低。對B也是一樣。

什麼樣的情形A才會吃虧呢？也就是分的房租比自己願意付出的高。例如，A猜想

B_1不會大於280，因此為了分得更多的剩餘價值，他寫下了$A_1=285$，$A_2=265$。結果，A只能住2號房，房租為262.5，比他原本希望的高出了22.5！可他是因為想占便宜沒說實話才會吃了啞巴虧的。

3. 雖然從賽局理論的角度來看，說實話不一定是最佳策略，特別是在了解對方偏好的情況下；但是說實話絕不會吃虧。
4. 三人以上分租也可運用這個公式，每間房由出價最高者居住，房租取平均值。

這種看似複雜實則簡單的賽局理論訓練，可以幫助我們解決生活中的實際難題。若不採用賽局理論，光是分租房子就可能因為分配不均而產生糾紛。經過賽局理論策略的選擇，達到了使各方均衡的多贏局面。

重點複習：

1. 賽局理論（Game Theory）是研究決策者如何在互動過程中做出選擇的理論。決策者不僅要考慮自己的策略，還需要預測其他參與者的反應，這是一種互動的決策過程。

2. 賽局理論的基本要素包括局中人（決策主體）、策略、效用和資訊。局中人是賽局中的參與者，策略是局中人的行動計畫，效用指的是得失，資訊則是參與者作決策時掌握的相關知識。

3. 賽局中的每個參與者都被稱為局中人，並根據所處的局面選擇策略。局中人可以是個人、企業或其他單位，透過他們的互動來影響賽局的結果。

4. 在賽局中，選擇合適的策略至關重要。局中人的策略決定了其在賽局中的成功與否，因此選擇錯誤可能導致失敗。

5. 效用指的是參與者在賽局結束時所獲得的報酬或損失，它不僅取決於自身的選擇，還與其他局中人共同制定的策略有關。

6. 掌握足夠的資訊是做出正確決策的關鍵。資訊包括了解其他局中人的策略和行動對自己的影響。

7. 賽局理論中的均衡是指當所有參與者都選擇了最適策略時，所達到的穩定狀態。例如納許均衡，當某個局中人無法透過單方面改變策略來提升自己的得失時，即達到均衡。

8. 賽局理論不僅應用於經濟和戰爭領域，也廣泛涉及日常生活，如人際互動、工作場合，甚至分房租等情境。妥善運用賽局理論，可以有效理解並解決生活中的實際問題。

資訊的重要性之於賽局理論不言可喻。賽局理論中，一旦除去資訊的因素，大家贏的機會均等，因此，誰能提前抓住有利的資訊，誰就能穩操勝算。

Chapter 02

資訊賽局：把資訊作為賽局理論成敗的籌碼

1. 資訊的優劣和多寡決定了你的勝算

資訊對於賽局理論的重要性，無論怎樣強調都不為過。

有個古董商發現，有人用珍貴的茶碟當作貓食碗。於是，他假裝非常喜愛那隻貓，試圖從主人手中買下牠。後來，古董商開出高價買下了貓。在交易完成後，古董商故作輕鬆地說：「這個碟子，貓已經用慣了，不如就一併送給我吧！」沒想到，貓主人拒絕了，並說：「你可知道，光靠這個碟子，我已經賣出多少隻貓了？」

古董商完全沒料到，貓主人不僅清楚茶碟的珍貴，而且利用了他「以為對方不知情」的錯誤判斷，反而大賺了一筆。由於資訊不足所導致的劣勢，幾乎每個人都曾遇過。沒有人是先知，那麼該怎麼辦才好呢？為了避免這種困境，我們應該在行動之前，盡可能掌握相關資訊。知識、經驗等，都是你未來可以利用的「資訊庫」。

華爾街歷史上最富有的女人——海蒂・格林（Hetty Green），是一個典型的守財奴。她曾為丟失一張幾分錢的郵票，瘋狂地尋找數小時。而在這段時間裡，她的財富所產生的利息，足以讓當時美國的一個中產階級家庭生活一年。為了財富，她毫不猶豫地犧牲了所有的親情和友誼。無疑地，她身上有許多不堪的人性弱點。然而，這並不妨礙她成為資本市場中出色的投資者。她曾說過一句話：「在決定任何投資前，我會努力去尋找有關這項投資的任何一點資訊。」

有了資訊，行動就不會盲目，這一原則不僅適用於投資領域，也同樣適用於商業爭鬥、軍事戰爭和政治角逐。

《孫子兵法》云：「知己知彼，百戰不殆。」這句話說明了掌握足夠資訊對戰鬥的重要性。在生活這場「賽局」中，掌握更多資訊通常是有利的。例如，在戀愛中，你必須了解對方的喜好，才能對症下藥、投其所好，避免遭遇拒絕。在猜拳行令時，如果你能預知對方的出招，那你必定勝券在握。

資訊的完整性會對賽局理論的結果產生不同影響，這點可以透過一則劫機事件來說明。假定劫機者的目的是為了出逃，政府面對劫機事件的因應方式可能會分為兩種型態：人道型和非人道型。

重視人道的政府會出於人道考慮，為了解救人質而同意放走劫機者；而非人道型政府則無論如何都會選擇擊落飛機。如果資訊是完整的，在非人道政府的統治下，劫機事件幾乎不可能發生（例如，在漢武帝時期，法令規定對劫持人質者一律格殺勿論。有一次，一名劫匪綁架了小公主，武帝依然下令射殺劫匪，儘管公主也因此喪命，但此後國內再未發生劫持事件）。然而在人道政府的統治下，劫機事件仍時有所聞。

然而，如果劫機者不知道其面對的政府屬於哪種類型，他仍然可能選擇劫機。因此，一個國家若要有效防止犯罪，僅有嚴厲的刑罰是不夠的，還必須讓民眾了解這些刑罰（進行普及教育），因為一旦大眾不清楚違規會面臨哪些刑罰，就不會用那些規則來約束自己的行為。

自古以來，人們從未像今天這樣深刻地意識到資訊對生活影響的重要性，事實上，**資訊正是賽局理論中的關鍵籌碼**。雖然我們無法確知自己未來將面臨何種挑戰，但只要手中掌握的資訊越是充分，做出正確決策的可能性就越大。

2. 收集訊息的重要性

有一隻青蛙生活在井裡，這裡有充足的水源。牠對自己的生活很滿意，每天都在歡快地歌唱。

有一天，一隻鳥兒飛到這裡，便停下來在井邊歇歇腳。

青蛙主動打招呼：「你好，你從哪裡來？」

鳥兒回答說：「我從很遠的地方來，而且還要到很遠的地方去，所以感到很疲累。」

青蛙很吃驚地問：「天空不就是那麼點大嗎？你怎麼說很遙遠呢？」

鳥兒說：「你一生都住在井裡，看到的只是井口大的一片天空，又怎能知道外面的世界呢！」

聽完這番話後，青蛙不以為然，牠想：「世界就是這麼大呀！」

後來，井水乾涸，青蛙因此渴死在井裡。

這是一個人們早已熟悉的寓言故事。故事中的青蛙由於不了解外面的資訊，便以為世界只有「井口那麼大」，因此不願跳出這口井，尋找新的生活，最終渴死在井裡。在現實生活中，為了跳脫不幸的命運，我們必須努力地去收集資訊。

在這方面，市丸良一透過其不斷探索和學習，為我們樹立了良好的典範。

市丸良一的公司起源於市丸家的醬油鋪。由於是小本經營，難以和大企業競爭，市丸家的醬油鋪只好改做澱粉生意，取名「市丸產業公司」。

後來公司取得了關於澱粉市場供需的情報。

當時的日本正於戰後恢復時期，對澱粉的需求量很大，而做澱粉的原料——甘薯，主要出產在氣候溫暖的南方鹿兒島縣。市丸產業公司占有「地利」之便，公司經營得很順利。由於得到了準確的市場供需資訊，「市丸產業公司」在短短幾年內便發展成一家龐大的企業，在日本澱粉公司中位居第三。

後來，在日本進入經濟快速發展時期，日本農林省決定減少澱粉公司的數目。

由於提前獲得這個消息，已經當上「市丸產業公司」總經理的市丸良一當機立斷，於一九七六年買進三輛小汽車，轉行經營計程車業。在市丸良一全力以赴的經營下，僅僅兩年的時間便正式成立了市丸交通公司，到一九八四年發展為九州最大的計程車公司，共擁有計程車三百六十九輛。

在經營計程車事業的同時，市丸良一又發現不動產業有利可圖，於是設立了「市丸商事公司」，開始修建和出租公寓。他又利用西鄉隆盛（日本明治維新時期著名人物，出生於鹿兒島加治屋）逝世一百週年的機會，以及他在鹿兒島人心目中的崇高威望，大力宣傳他建設的「加治屋公寓」，使其公寓銷路十分順暢。

市丸良一就是這樣一個善於捕捉資訊和分析形勢、經營得法的企業管理者。現在，市丸商事公司的營業項目已擴展到計程車、房地產、加油站、保齡球館、連接種子島和屋久島的航運業務以及客機租賃等業務，發展成為提供海陸空全面服務的企業集團。

毫無疑問，市丸良一之所以在商場上取得成功，與他關注市場資訊情報的收集是分不開的。

不論是在商場上還是生活的其他領域，擁有廣泛的資訊網路，能夠及時收集到有用的資訊，是成功的關鍵。但是，在收集資訊的過程中，我們必得詳加分辨資訊的真偽，以免被錯誤的資訊蒙蔽，而做出錯誤的決策，甚至重蹈覆轍。

西元前三四一年的戰國時代，魏國和趙國聯合攻打韓國，韓國轉向齊國求援。齊王派田忌率領軍隊前去營救，徑直進軍大梁。魏將龐涓聽到這個消息，率師撤離韓國回魏，此時齊軍已經越過邊界向西挺進了。

當時齊國的軍師孫臏對田忌說：「那魏軍向來兇悍勇猛，看不起齊兵，齊兵被稱作膽小怯懦。若是善於指揮作戰的將領，就要順應著這樣的趨勢而加以引導。兵法上說：『用急行軍走百里和敵人爭利的，有可能折損上將軍；用急行軍走五十里和敵人爭利的，可能有一半士兵脫隊。』所以現在即可命令軍隊進入魏境，先搭建十萬人做飯的灶，第二天再砌五萬人做飯的灶，第三天砌三萬人做飯的灶。」

龐涓行軍三日，一看到齊國軍隊中的灶越來越少，特別高興地說：「我本來就知道齊軍膽小怯懦，進入我國境才三天，開小差的就超過了半數啊！」於是決意不帶步兵，只帶輕裝精銳部隊日夜兼程地追擊齊軍。孫臏算準了他當晚可以趕到馬陵，遂在此備戰。馬陵的道路狹窄，兩旁又多是峻隘險阻，適合埋伏軍隊，孫臏命人砍去樹皮，露出白木，寫上：「龐涓死於此樹之下。」

然後又命令一萬名善於射箭的齊兵隱伏在馬陵道兩邊，約定當晚上看見樹下火光亮起，就萬箭齊發。龐涓當晚果然趕到了砍去樹皮的大樹下，發現白木上寫著字，遂命人點火查看樹幹上的字，但上面的字還沒讀完，齊軍伏兵隨即萬箭齊發，魏軍突然遇襲，當下兵荒馬亂。龐涓自知無計可施，敗局已定，於是拔劍自刎。

在龐涓與孫臏的對決中，龐涓最終落得拔劍自刎的結局，主因正是由於他被孫臏所製造的假資訊所迷惑。

3.利用假資訊達到控制目的

前例說明了我們應善加篩選資訊以防被虛假消息所蒙蔽的重要性，反過來講，我們也可以透過向別人傳遞假資訊以取得賽局的勝利。

宋理宗過世後，度宗即位。度宗本是理宗的皇侄，因過繼為子而即位，時年25歲。度宗上臺之後，曾一度親理政事，限制大奸臣賈似道的權力，顯得幹練有為，確實幹了幾件好事，朝野上下為之一振，覺得度宗給他們帶來了希望。賈似道的權力受到極大的縮限，甚至有人上書彈劾賈似道。這使賈似道意識到，若持續這樣下去，自己將會有滅頂之災。

於是，賈似道精心設計了一個大陰謀。

他先棄官隱居，然後讓自己的親信呂文德從湖北抗蒙前線假傳線報，說是忽必烈親率大兵來襲，看樣子勢不可擋，有直取南宋都城臨安之勢。度宗正欲改革弊政、勵精圖治，沒想到當頭來了這麼一棒。他立刻召集眾臣，商量出兵抗擊蒙軍之事。宋度宗萬萬沒有想到，滿朝文武竟沒有一人能提出一言半語的禦兵之策，更不用說為國家慷慨赴任、領兵出征了。此時，隱居林下的賈似道正悠哉地過著他的隱士生活。

第二步，再設計由自己出面解決問題。

前線警報傳來，數十萬蒙古鐵騎急攻，都城臨安急需築壘防禦，這一切，使得度宗心驚肉跳，他不得不想起朝廷中唯一一位能抗擊蒙軍、取得「鄂州大捷」的英雄賈似道。他深深地嘆了口氣，在無可奈何之下，只好以皇太后的面子，請求賈似道出山。

謝太后寫了手諭，派人恭恭敬敬地送給賈似道。這麼一來，賈似道放心了。他想拿足了架子再說，先是搪塞不出，繼而又要度宗大封其官。度宗無奈，只好給他節度使的榮譽，尊為太師，加封他為魏國公。這樣，賈似道才懶洋洋地重出官場「為國視事」。

由於賈似道知道警報是他令人假傳的，當然要作出慷慨赴任、萬死不辭，甚至胸有成竹的樣子。他向度宗要了節鉞儀仗，即日出征，這真令度宗感激涕零，也令百官惶愧無地。因為天子的節鉞儀仗一旦授出，就不能返還，除非所奉使命有了結果，這代表了皇帝的尊嚴。

賈似道出征這一天，臨安城人山人海，都來看熱鬧。賈似道為了顯示威風，居然藉口當日不利於出征，破例令節鉞儀仗返回。這真是大長了賈似道的威風，大滅了度宗的志氣。等賈似道到「前線」逛了一圈，無事而回，度宗和朝臣見是一場虛驚，額手稱慶尚且不及，哪裡還顧得上追查蒙軍進犯是謊報還是實情！

第三步，藉機好好打擊對手。

賈似道「出征」回來，度宗便把大權交給了他，賈似道還故作姿態，再三辭讓，屢加試探要脅，後見度宗和謝太后出於真心，他才留在朝中。這時，滿朝文武大臣也爭相趨奉，把他比做是輔佐成王的周公。透過這場考驗，年輕的度宗對朝臣完全失去了信心，他至此才理解為什麼理宗要委政於賈似道，原來滿朝文武竟無一人可用。

賈似道雖然奸佞，但困難當頭之際，只有他還「忠勇當前」，敢於「挺身而出」。但度宗哪裡知道，滿朝文武懦弱是真，賈似道忠勇卻是假。

度宗遭欺，不知不覺地墜入了賈似道的奸計之中。從此，度宗失去了治理朝政的信心和熱情，將大權往賈似道那裡一推，縱情享樂去了。

賈似道趁此再次「肅清」朝堂，他在極短的時間內，把朝廷上下全換成了自己的親信，甚至連守門的小吏也要調查一輪。如此這般，趙宋王朝實際上已變成了賈氏的天下。

賈氏從頭到尾所提供的資訊都是假的，他利用朝廷與戰場資訊不對等的環境，製造假情資迷惑對方，達到了自己控制朝廷的目的。

很多人都認為這樣做是不道德的行為，這點毫無疑問。**但賽局本身與道德無關。**如若全人類都正直坦蕩，行為透明，所傳遞的資訊都是正確的，那麼我們將生活在輕鬆愉悅的世界。因為舉止透明的人意味著**資訊在決策中的作用已經喪失**，當所有私人資訊都是公共知識時，如此一來，我們也沒有必要在此討論賽局理論了。

但事實上，人們的言行並不透明，當別人的舉止有所隱瞞，你卻偏要做一個透明的人，所付出的成本將超乎想像，因為當你向他人傳遞了真實的資訊，別人卻不願透露資訊給你時，你和他人已不屬同個資訊交流平臺上。從不公平的資訊角度出發，發展下去的賽局結局也就可想而知了。

重點複習：

1. 資訊賽局理論是指在決策過程中，資訊的多寡、優劣對於賽局的結果有直接影響。擁有更多且正確的資訊能大幅提升勝算，而缺乏資訊或擁有錯誤資訊則會導致決策錯誤。
2. 資訊在賽局理論中扮演重要角色，無論是商業競爭、軍事戰爭還是日常生活中，掌握更多資訊能提高成功機率。資訊越多越準確，做出正確決策的機會就越大。
3. 當賽局中出現資訊不對等時，掌握較少資訊的一方可能會做出錯誤的決定。例如，孫臏利用假資訊迷惑龐涓，最終導致龐涓自刎。
4. 假資訊在賽局中也能作為一種策略，透過傳遞錯誤資訊來誤導對手並達到控制局勢的目的。

5. 有效地收集資訊有助於使人做出明智決策。市丸良一透過收集市場資訊，使他的企業在激烈競爭中迅速壯大，展現出掌握資訊的重要性。
6. 理想情況下，如果所有參與者都能傳遞真實資訊，賽局的決策將變得更加容易和公正。然而，現實中資訊往往是不透明的，這使得賽局變得更加複雜。
7. 如果資訊不完整或被扭曲，參與者可能會因此做出錯誤的決策。例如，劫機事件中，如果劫機者不了解政府的態度，就可能選擇冒險行動。
8. 資訊賽局理論不僅應用於商業和軍事領域，也能用來分析日常生活中的各種競爭與互動，無論是戀愛中的策略，還是職場中的人際關係，資訊都扮演著至關重要的角色。

在賽局中，很多時候會產生一種「不識廬山真面目，只緣身在此山中」的尷尬，即某一方所知道的資訊並不為對方所知曉的情況，這時便產生了資訊不對等。資訊不對等所造成的逆向選擇將使我們失去很多原本屬於自己的東西，所以，要想擺脫逆向選擇的困境，我們必須最大限度地挖掘資訊，做到知己知彼。

Chapter 03

資訊不對等：
逆向選擇的根源

1. 從資訊不對等到智慧決策的策略

賽局理論是一個強大的工具，能用於理解各種情境之中個體之間的互動和決策過程。這種理論不僅僅適用於經濟學領域，也廣泛應用於政治、社會學和心理學等範疇。賽局理論的一個核心問題便是「資訊不對等」（Asymmetric Information）。這種情境發生在互動的各方所掌握的訊息量並不相等，因此他們的決策方式也會有所不同。理解資訊不對等的概念以及相關策略，對於掌握賽局理論的應用至關重要。

在賽局理論中，資訊不對等是指不同參與者之間對於相關資訊的掌握程度存在差異。一方可能擁有更多的信息，而另一方則處於信息劣勢。這樣的情況在現實生活中比比皆是。比如，企業和消費者之間常常存在資訊不對等的情況，企業通常比消費者更了解產品的質量和生產成本，而消費者往往憑藉著企業提供的資訊來決定是否購買。

資訊不對等將導致各方採取不同的策略，以使自己獲得最大利益。在這樣的賽局中，策略大致可以分為兩類：「篩選」（Screening）和「傳訊」（Signalling）。

篩選策略

篩選策略通常由信息量較少的一方所採納，旨在透過設立篩選機制來縮小選擇範圍，藉此降低決策的風險。

以教育體系為例，當學生要申請大學時，大學通常會設定入學門檻，例如學測總級分、數學或英文的成績要求等。這些門檻作為篩選機制，可以幫助大學排除那些不符合其要求的學生，從而集中精力篩選真正適合該校系所程度課程的學生。同樣地，在求職市場中，雇主可能會根據求職者的學歷、工作經驗或技能證書來篩選候選人，以確保選出的員工能夠勝任工作。

篩選策略的核心在於，信息劣勢的一方希望透過設置某種標準或過濾機制，來彌補自己在信息上的不足，並減少決策失誤的風險。

傳訊策略

相對於篩選策略，傳訊策略則由信息量較多的一方主導。其目的是經由主動提供信息，來影響信息較少一方的認知和決策。

舉個典型的例子，像是研究生申請時的面試過程。在申請博士班時，面試者通常會展示自己的研究經歷、發表論文的情況，以及自己在研究領域的潛力。這些信息是申請者主動傳遞給面試官的，目的是讓面試官對申請者的研究能力有更全面的了解。這種傳訊策略不僅能讓申請者在激烈的競爭中脫穎而出，還能減少面試官因信息不對等而可能做出的錯誤判斷。

傳訊策略的另一個生活化的例子就是約會。當一個人與心儀的對象約會時，通常會特意打扮、展示自己的興趣和品味，以此來傳遞自己的個人特質，希望能影響對方的認知並增加彼此進一步了解的機會。

賽局理論中的資訊不對等應用

在資訊不對等的情況下，賽局參與者所採取的策略為賽局的結果帶來極大影響。篩選和傳訊這兩種策略常見於各種日常生活和商業決策中。理解這些策略，不僅能有助於掌握賽局理論，還能在實際情境中做出更為明智的決策。

資訊不對等還可能引發一些負面的經濟現象，如「逆向選擇」（Adverse Selection）

和「道德風險」（Moral Hazard）。逆向選擇發生在當其中一方無法完全掌握信息時，可能導致其做出對自己不利的選擇。比如，保險公司無法完全了解每位投保人的健康狀況，這可能導致高風險族群反而更有動機購買保險。道德風險指的則是當交易的一方因為信息優勢而可能採取更冒險的行為，因為他們知道其風險後果主要由另一方承擔。

賽局理論中的資訊不對等是理解人類決策行為的重要一環。在這樣的情況下，各方所掌握的資訊不同，導致了策略上的分化。透過篩選和傳訊策略，參與者可以彌補資訊不對等所帶來的不利影響，並做出更有利的決策。在現實生活中，資訊不對等無處不在，對其進行分析和理解，能夠幫助我們在複雜的社會互動中，立於不敗之地。

2. 資訊不對等所引發的逆向選擇

賽局模型的前提條件之一是賽局雙方均擁有相同的公共資訊，即雙方都了解彼此可採取的策略和各種可能的結果。然而，這一點在現實中並不盡然成立。在許多情況下，局中人無法完全了解對手決策的所有資訊，有時甚至會出現「不識廬山真面目，只緣身在此山中」的窘境。在賽局過程中，對方所掌握的資訊常常未被己方所知，這便導致了資訊不對等。

二〇〇一年，諾貝爾經濟學獎授予了三位美國經濟學家：約瑟夫・史迪格里茲（Joseph E. Stiglitz）、喬治・阿克洛夫（George A. Akerlof）和安德魯・史賓塞（Andrew M. Spence），以表彰他們對資訊不對等理論的貢獻。根據這三位經濟學家的觀點，資訊不對等是指在市場經濟活動中，各類參與者對相關資訊的了解存在差異。掌握較多資訊的人通常處於有利地位，而資訊匱乏的人則處於不利地位。根據這一理論，在資訊不對等的情況下，賣方經常故意隱瞞某些真實資訊，導致買方做出對自己不利的選擇，這種現象被稱為逆向選擇。

喬治・阿克洛夫在一九七〇年提出了著名的舊車市場模型（Lemons Model），開創了「逆向選擇」（Adverse Selection）理論的先河。

在二手車市場上，買方和賣方對車輛品質的資訊掌握是不對等的。賣方擁有完整的資訊，了解車輛的真實狀況，而消費者通常難以確切掌握二手車的車況和品質，最多只能透過外觀、介紹及簡單的現場試駕來獲取相關資訊。這些資訊往往無法幫助買方準確判斷車輛的品質。因為只有透過長時間的使用才能真正了解車子的性能，但這在二手車市場上是不可能做到的。

因此，消費者在購買前無法辨別車輛性能的品質高低，他們只能依據市場上的平均水準來判斷。在這種情況下，典型的買方只願意根據平均水準來支付價格。其結果將造成，車況高於平均水準的賣方會將他們的車撤出市場，剩下的只有品質較低的車輛。

逆向選擇的結果將導致二手車市場上的平均品質降低，買方願意支付的價格進一步下降，更多高品質的車輛退出市場。最終，優質車被劣質車排擠出市場，市場上只剩下劣質車。換言之，高品質的車在競爭中被淘汰，市場選擇了低品質的車。這違背了市場競爭中優勝劣汰的原則。通常，人們會選擇的是優質產品，但在這裡卻選擇了劣質產品，這就是所謂的逆向選擇。

上述分析顯示，產品品質與價格有密切關係，較高的價格會吸引較高品質的產品，而較低的價格則會導致劣質產品的盛行。逆向選擇使得市場上出現了價格「決定」品質的現象，這是一種逆向的市場機制，最終影響了消費者的選擇。

資訊不對等是造成逆向選擇的重要原因。資訊不對等的雙方基於各自的利益做出了不利於對方的選擇，最終導致雙敗局面。經濟學理論已經證明，合作是最優策略，而資訊不對等可能使我們失去許多原本屬於我們的利益。因此，為了解決這一問題，市場參與者應採取必要措施來減少資訊不對等。

具體而言，比如買賣雙方可以透過建立信任機制、增強交易的透明度和推動信息共享來降低資訊不對等。例如，二手車市場可以引入專業的第三方檢驗機構，提供客觀的車輛檢查報告，以幫助消費者更準確地評估車輛的品質。此外，建立良好的口碑和品牌信任也能有效減少消費者的疑慮，使優質產品能夠在市場上獲得更好的價格和市場份額。

總之，逆向選擇現象在許多市場中普遍存在，只要有市場，只要進行交易，就可能出現逆向選擇，了解其背後的資訊不對等原因對於市場參與者制定有效策略十分重要。藉由努力減少資訊不對等，不僅能使我們有效改善市場環境，還能促進市場資源的合理配置，實現雙贏局面。

3. 找出隱匿資訊，避免逆向選擇

二手車市場模型以及「資訊不對等」的概念對一大批經濟學家產生了深遠的影響，經濟學家們相繼發現了許多逆向選擇的現象。例如，在菸酒等商品市場和資本市場中，假冒偽劣產品充斥市場，這也是由於交易雙方的資訊不對等，其中一方隱藏了關鍵資訊所導致。同樣地，在信貸市場中，由於資訊不對等，貸款人只得設定較高的利率，結果導致優質、誠實經營的企業退避三舍，而那些根本不打算還貸的劣質企業卻蜂擁而至。

逆向選擇理論指出，如果不採取有效措施，低品質的企業將獲得生存和發展的機會，迫使高品質的企業被迫降低標準，以適應市場的低標準；高水準的人才找不到工作，反而低水準的人四處耀武揚威；買家以預期價格獲得的卻是低品質的產品……這樣的發展最終會導致整個社會陷入逆向選擇的困境。

資訊隱匿是造成逆向選擇的唯一原因。因此，擺脫逆向選擇的唯一途徑是盡可能挖掘和掌握有利資訊，做到知己知彼。

A集團公司的業務蒸蒸日上，但最近老總卻陷入了煩惱。公司準備投資一項新的業務，已經通過論證評估，即將啟動，但幾位高層在事業部總經理的人選上產生了歧見。一派認為應該選擇公司內部的得力戰將小王，另一派主張招聘熟悉該業務的外部人選小李。雙方各執己見，最終只能由老總來拍板決定。那麼，究竟哪一種選擇更好呢？

就工作資歷而言，公司內部的小王顯然更加豐富。小李屬於空降，而小王更具有本土優勢，對業務也十分熟悉；然而，從人事角度來看，外聘可能更為合適，因為老總覺得公司活力不足，需要注入新血。最終，老總拍板，決定用外聘的小李。小李正式走馬上任。

小李的優勢很明顯，他擁有美國著名高校的MBA學位，完全具備洋式經營理念。而小王則不過是技職學院畢業，是從底層一步步熬上來的。老總對小李寄予厚望，小李也非常努力，開始認真診斷公司的人力資源，並煞有介事地指出了許多問題。老總一看，心裡開始擔憂：如果真的要解決這些問題，公司可能會陷入困境！隨著時間的推移，小李只會挑出問題，卻未提出任何建設性的行動方案，弄得公司上下人人自危，怨聲載道。老總見狀，認為這樣下去不行，於是迫不得已將小李辭退。然而，此時的小王因為感到自己沒有得到重視，已經跳槽到其他公司了。

A集團耗費了大量的時間、精力和金錢，最終不但沒有為公司帶來效益，反而引發了公司危機。

A集團所遭遇的正是典型的逆向選擇。正是由於資訊不對等，老闆無法了解小李的實力，只看到他有海外鍍金的背景，結果使自己陷入困境。為了解決這類逆向選擇問題，老闆其實應該給小王和小李每人一段試用期，透過試用期了解他們隱藏的資訊——實際的工作能力，進而判斷誰更適合總經理的職位。

在社會上，誰掌握了隱匿資訊，誰就占據了有利位置。如果無法獲取足夠的資訊，那麼你可能會陷入逆向選擇的困境。

例如，你用很少的錢買了一箱銀元，你覺得自己占了便宜，因此判斷這箱銀元是真是假就變得至關重要。一旦這些銀元是贗品，即使它們被鑄造得再逼真，你也會蒙受巨大損失，除非你能將銀元再次轉手出售，但這同樣存在風險，因為其他人可能會識別出贗品。在資訊不對等的情況下，即大家都無法辨別銀元真假的情況下，這箱銀元便會在市場上流通。如果你在轉手時碰見一個技術高手或檢察機關的調查員，那麼你將面臨更大的損失。

隱匿資訊在逆向選擇中扮演著關鍵角色。如果你能及時掌握全面的資訊，就能有效防止逆向選擇的發生。即使在逆向選擇最為突出的保險領域，資訊優勢也能有助於決策者盡量避免逆向選擇。例如，如果你事先了解了投保人的情況，知道他之所以投保是因為出事的機率較大，你可以要求他增加保費或加入其他附加條款來保護自己的利益。而找出這些隱匿資訊的唯一途徑就是實地調查。

重點複習：

1. 資訊不對等指在互動過程中，參與者掌握的資訊不相等，導致決策的方式和結果產生差異。在這種情況下，資訊較少的一方往往處於劣勢，可能做出對自己不利的選擇。
2. 在資訊不對等的情境下，參與者常採用篩選或傳訊策略。篩選由資訊較少的一方採用，用於減少決策風險；而傳訊則由掌握更多資訊的一方主導，透過提供資訊來影響對方的決策。
3. 逆向選擇是資訊不對等的結果之一，指的是由於一方無法獲得足夠的資訊，做出了不利於自身的決策。例如，保險公司難以了解投保人的真實風險，結果可能反而吸引高風險族群購買保險。

4. 二手車市場是一個典型的逆向選擇案例。賣方了解車輛的真實品質，而買方只能依賴有限的資訊進行判斷，這導致高品質車輛被排擠出市場，剩下的多是低品質車輛。

5. 道德風險發生在資訊不對等的情況下，一方可能因為風險由另一方承擔而採取冒險行為。這在金融和保險市場中尤其常見，風險承擔方難以預測對方的行為。

6. 在資訊不對等的情況下，市場中的劣質產品或低品質服務可能會占據主導地位，導致資源的錯誤配置，最終造成雙方皆輸的局面。

7. 為了降低資訊不對等的負面影響，市場參與者可以透過建立信任機制、提高透明度、引入第三方檢驗等方式來增強資訊共享，從而提高市場效率。

《紅樓夢》裡形容四大家族的時候，用過一個評語，叫做「一榮俱榮，一損俱損」。這個評語翻譯成賽局理論的術語就是「納許均衡」，亦即在「你中有我，我中有你」的情況下所形成的一種穩定的賽局理論的結果。

Chapter 04

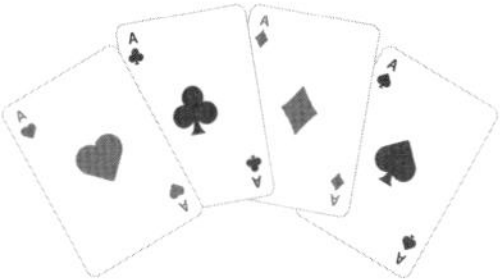

納許均衡：
己所不欲，勿施於人

1.多學一個詞，成為現代經濟學家

諾貝爾經濟學獎獲得者保羅・薩繆森（Paul A. Samuelson）曾說過一句名言：「你可以將一隻鸚鵡訓練成經濟學家，因為牠所需要學習的只有兩個詞：『供給』與『需求』。」賽局理論專家約瑟夫・坎伯瑞博士（Dr. Joseph Cambray）進一步引申道：如果想成為現代經濟學家，這隻鸚鵡還需再學會第三個詞，那就是「納許均衡」（Nash Equilibrium）。

納許均衡是賽局理論分析中的一個重要概念。一九五〇年，當時還是一名研究生的納許撰寫了一篇題為〈n人非合作賽局理論的均衡問題〉的論文。這篇論文雖然只有短短一頁，卻徹底改變了人們對競爭和市場的看法。他不僅證明了非合作賽局理論的均衡解，還證明了這一均衡解的存在性，從而使這篇論文成為賽局理論的經典文獻。納許的這一方法後來被稱之為「納許均衡」。

在納許均衡中，每一個理性的參與者都不會有單獨改變策略的動機。換句話說，納許均衡的含義是：**在給定你的策略之情況下，我的策略是最優異的；同樣地，在給定我的策略之情況下，你的策略也是最優選項。這意味著，雙方在對方的策略已確定的情況下，都不願意調整自己的策略。**因此，納許均衡是一種穩定的賽局理論結果。

我們來看看以下這個故事：

傑克和吉姆結伴旅遊。他們經過長時間的徒步到了中午時分，準備吃午餐。傑克帶了3塊餅，吉姆帶了5塊餅。這時，一位路人經過，因為飢餓，傑克和吉姆邀請他一起吃飯，路人欣然接受。於是，三人將8塊餅全部吃完。飯後，路人感謝他們的午餐，並給了他們8個金幣，隨後繼續趕路。

傑克和吉姆開始為這8個金幣的分配爭執不休。吉姆說：「我帶了5塊餅，所以應該得到5個金幣，而你只能得到3個金幣。」但傑克不同意：「既然我們一起吃了這8塊餅，就應該平分這8個金幣。」傑克堅持每人應該分得4個金幣。於是，傑克找來公正的夏普里評理。

夏普里說：「孩子，吉姆願意給你3個金幣，因為你們是朋友，你應該接受這個安排；但如果你想要絕對的公正，那麼我告訴你，最公正的分配方式是，你只能得到1個金幣，而你的朋友吉姆則得到7個金幣。」

傑克感到困惑。

夏普里解釋道：「是這樣的，孩子。你們三人共吃了8塊餅，其中，你帶了3塊餅，吉姆帶了5塊。你吃了其中的1/3，即8/3塊，路人吃了你帶的餅中的3－8/3＝1/3塊；你的朋友吉姆也吃了8/3塊，路人吃了他帶的餅中的5－8/3＝7/3塊。所以，路人所吃的8/3塊餅中，有1/3來自於你，有7/3來自於吉姆。因此，最公正的分法是你只能得到一個金幣。這樣的分配符合納許均衡的原則，所以你只能得到一個金幣。」經夏普里這樣一說，傑克不再堅持多分了。

在夏普里的解釋後，傑克不再堅持，最終傑克和吉姆達成了協議，傑克得到3個金幣。經過雙方的博弈，這一分配符合納許均衡，因為如果傑克再多要一個金幣，吉姆就會感到不平衡；同樣地，如果吉姆再多要一個金幣，傑克也會感到不平衡。因此，傑克得到3個金幣，吉姆得到5個金幣，這是雙方都認同的最佳選擇。

在《紅樓夢》中，形容四大家族時曾用過「一榮俱榮，一損皆損」這句話。四大家族的命運彼此緊密相連，牽一髮而動全身。因為他們了解彼此的策略並選擇合作，避免陷入對方策略不明的困境。他們每次的選擇往往達成了一種納許均衡。例如，薛蟠打死人後，賈府的庇護使得賈家與薛家的選擇成為一個納許均衡。

總結來說，納許均衡作為賽局理論中的重要概念，不僅深刻影響了經濟學的理論發展，還廣泛應用於現實生活中的各種決策情境。無論是在市場競爭、國際關係，還是像《紅樓夢》中的家族博弈，納許均衡為我們提供了一種理解人際關係與合作模式的方式。透過這一理論，我們可以更清楚地看到，個體的理性選擇如何共同促成穩定的結果。這種均衡不僅體現了競爭中的合作，也展現了在複雜賽局中的穩定性與公平性。因此，理解納許均衡不僅有助於經濟領域的分析，也能夠幫助我們在日常生活中做出更明智的決策。

2.為什麼麥當勞、肯德基永遠是鄰居？

經常光顧麥當勞或肯德基的顧客不難發現，這兩家速食店通常會選擇在同一條街上開設分店，有時甚至相隔不到一百米，或在同一條街上比鄰而居。從一般角度來看，商家聚集在一起會帶來競爭，但其實有許多商家更傾向於聚合經營，在同一個商圈中爭奪市場。

這樣的選址會不會導致資源浪費，甚至影響商家的利潤呢？

對此，我們可以用納許均衡來予以解釋。

假定市場上有兩家超市，甲和乙，它們向消費者提供相似的商品和服務，因此構成了直接的競爭關係。假定甲、乙兩個超市的目標都是為了在理性的基礎上謀求各自利益的最大化；假設甲、乙兩個超市的經營成本是一致的，並且沒有發生「共謀」；當甲、乙都選擇分散經營時，他們各自的利潤將為3個單位。

如果甲選擇與其他超市聚合經營，乙選擇分散經營，他們各自經營所獲得的利潤分別為5個單位和1個單位，總效用還是6個單位。

由此可見，聚合經營是甲、乙的最佳策略，它能在兩者之間形成一個穩定的賽局結果，即納許均衡。這是因為聚合經營能夠吸引更多的人流，形成「馬太效應」（Matthew effect）——即強者愈強的現象。這樣的效應可以吸引更多消費者前來購買，從而使企業獲得更大的利益。

分散經營使企業無法獲得與其他企業的資源共享優勢，進而市場風險明顯增大，導致獲利能力下降。同理，若甲選擇分散經營，而乙選擇聚合經營，他們各自所獲得的利潤將分別為1個單位和5個單位。若甲、乙兩家超市都選擇聚合經營，由於兩者具有互補優勢，他們的利潤都會增至8個單位。

聚合選址必然會帶來競爭。要在競爭中生存和發展，企業必須不斷提升自身競爭力；連鎖企業若要保持競爭力，必須展現個性。超市經營要有特色，才能展現個性。這需要明確的市場定位，深入研究消費者需求，並從產品、服務、促銷等多方面進行提升，建立差異化。如果聚合的每一個連鎖超市都能做到這一點，就可以發揮互補優勢，形成所謂的「磁吸效應」——即吸引消費者像磁鐵吸鐵一樣集中到此處。如此一來，不僅能夠維持現有的消費群，還能夠吸引新的消費者。

另外，商業的聚集會產生「規模效應」，一方面，體現所謂的「一站購足」的消費模式，另一方面，經營商為適應激烈的市場競爭環境，謀求相對競爭優勢，會不斷調整自身，在競爭中提升產品品質，同時讓消費者受益。

綜上所述，正因為這些原因，麥當勞、肯德基或是7-Eleven和全家便利超商的聚合選址能使商家充分發揮自己的優勢，進而將自身利益最大化。因此，選擇聚合經營無疑是商家的最佳策略。

3. 納許均衡的實際應用：從市場競爭到國際談判

納許均衡是賽局理論中的一個核心概念，由數學家約翰・納許於一九五〇年代提出。這一概念描述了在一個多方參與的賽局中，當各方選擇了最佳策略並且無法透過改變自身策略來獲得更大收益時，這種策略組合就是納許均衡。納許均衡的理論範疇極其廣泛，從市場競爭到國際談判，涉及多方決策的情境中都可以觀察到其應用。

在市場競爭中，企業之間的戰略互動經常可以用納許均衡來描述。典型的例子是定價戰爭。假設有兩家競爭對手在市場上銷售類似的產品，這兩家公司需要決定如何定價。根據納許均衡理論，假設兩家公司都知道對方的策略並且基於此選擇自己的最佳策略，最終他們會在商品定價上達到一個平衡的售價，即使他們知道持續降價將導致利潤降低，他們也無法單方面提高價格，因為貿然漲價將導致其喪失市場占有率。

這樣的經典案例可從一九七〇年代美國汽車市場的「定價戰」得見。

在這場戰爭中，福特和通用汽車（GM）之間的競爭日趨激烈，兩家公司在汽車的定價上都面臨著納許均衡的困境。如果其中一方試圖降低汽車價格來吸引更多顧客，另一方也會跟進，這樣的削價競爭最終將導致雙方的利潤下降。根據美國汽車市場的數據顯示，這種價格競爭更是在短期內降低了整個市場的利潤率。

納許均衡在這樣的市場情境中提供了一個關鍵的分析框架，使企業能夠理解競爭對手的行為，同時制定自己的策略。在市場結構高度穩定的行業，如電信、能源或航空業等，納許均衡理論尤其適用。這些產業中少數大公司之間的互動無論是透過價格、產量還是市場分配，通常會自然形成某種形式的均衡。

在國際關係和談判中，納許均衡也有著廣泛的應用。國際談判往往涉及多國政府，這些政府在制定政策時必須考慮其他國家的反應。這裡的納許均衡是指在所有參與國都不能單方面改變自己的立場而獲得更好結果的情況下，達成的一種穩定狀態。

舉個典型的例子如《巴黎氣候協定》的談判過程。

在協定達成之前，各國政府都面臨著一個賽局：每個國家都希望其他國家承擔更多的減低碳排放的責任，讓自己能繼續享受經濟發展的好處。然而，如果所有國家都採取這種策略，最終將導致全球氣候變遷更形加劇，所有國家都將受害。因此，各國在談判中逐步達成了納許均衡，即透過協商和妥協，達成了一個平衡的共識，所有參與國都同意分擔一定的減排責任，從而達到一個穩定的國際合作框架。

另一個納許均衡的例子常見於貿易戰的應用。例如，中美之間的貿易爭端。雙方在初期各自提高對方商品進口的關稅來進行施壓，企圖迫使對方妥協，但這最終只會損害雙方的經濟利益。雙方最終可能達成一個納許均衡，即達成某種程度的協議，既不讓對方在貿易中占到更大的便宜，又不至於讓雙方經濟遭受重創。這種均衡狀態雖然不是雙方理想中的結果，但在彼此不信任的國際環境下，這可能是最可行的選擇。

儘管納許均衡提供了一個強大的分析工具，但在實際應用中，它也面臨著一些挑戰和限制。首先，納許均衡的前提是假設各方都能夠完全理解並預測其他參與者的行為。然而，在現實世界中，信息不對等和參與者的理性之有限往往將使結果偏離納許均衡。例如，在股市中，投資者的行為常常受到情緒和短期利益的驅動，這可能導致市場價格偏離合理的均衡點。

其次，納許均衡未必總能產生最佳結果。在許多情境中，參與者各自的最佳策略可能會導致次優結果，甚至是「囚徒困境」式的雙輸局面。例如，在全球暖化的問題上，如果每個國家都僅考慮自身的短期利益，最終可能導致的是全球環境的更加惡化，這就是一種非合作的納許均衡。

納許均衡作為賽局理論中的一個核心概念，在市場競爭和國際談判中有著廣泛的應用。從企業的定價策略到國家的政策談判，納許均衡為我們提供了一個理解各方行為的分析框架。儘管在實際應用中，它存在一些挑戰和限制，但納許均衡仍然是理解多方決策行為的重要工具。在日益複雜的全球化環境下，納許均衡理論不僅有助於企業和政府制定更有效的策略，也有助於促進國際社會的合作與穩定。

4. 納許均衡理論於生活中的應用

納許均衡的核心概念指的是在一個賽局中，每位參與者在其他參與者的策略不變的情況下，無法透過單方面改變自身策略來獲得更大收益時，因此選擇維持現有策略。這種策略組合即為納許均衡，所有參與者在這種情況下達到了穩定的策略平衡。納許均衡理論不僅在經濟學中扮演著重要角色，還廣泛應用於日常生活的多個層面。這一理論在日常生活中有許多具體的應用，以下將舉例說明。

日常購物中的納許均衡

購物過程中，買賣雙方的價格協商是一個典型的納許均衡應用場景。當買家與賣家經過討價還價，最終達成雙方都能接受的價格時，這便形成了納許均衡。在這一價格點上，雙方都無法透過單方面改變策略來獲得更好的結果，因此選擇維持現有的協議。這種穩定的價格平衡反映了雙方的相互依賴性，即使一方有意願改變策略，也會意識到這樣的改變不會帶來額外的好處。

交通行為中的納許均衡

納許均衡理論也能有效解釋交通行為中的一些現象。以上班時段的交通尖峰為例，駕駛們都希望選擇最短的路線，但若所有人都選擇同一條路線時，便可能導致交通壅塞。最終，每位駕駛都選擇了某條路線，使得在其他駕駛不變更路線的情況下，無法透過更換路線來縮短通行時間。這種穩定狀態即為一種納許均衡，此時，任何駕駛若改變交通動線也無法獲得受益。

工作選擇中的納許均衡

在職場中，納許均衡理論解釋了員工與雇主之間的決策平衡。當求職者與雇主達成一個雙方都能接受的薪酬與工作條件時，這一結果正是納許均衡的體現。求職者認為，在當前的市場條件下，選擇其他工作或再次協商不見得能帶來更好的結果；雇主則認為，目前的條件對求職者已具有足夠的吸引力，無需再進一步調整。因此，雙方達成了穩定的勞動關係，並選擇維持現有策略。

國際關係中的納許均衡

納許均衡理論在國際關係和政治博弈中同樣具有重要的應用價值。例如，在國際貿易談判中，各國透過協商達成的貿易協議往往反映了一種納許均衡狀態。每個國家都認為，在當前的條件下，改變自身立場無法帶來更多利益，因此選擇維持現有協議。同樣地，在軍事博弈中，冷戰期間的核威懾就是納許均衡的典型例子。擁核國家的雙方選擇保持現有的軍事狀態，因為任何策略改變都可能導致更不利的結果。

納許均衡理論在生活中的應用既廣泛又深遠，無論是在購物、交通、職場，還是國際關係中，都能幫助我們理解複雜的決策過程。透過理解與應用納許均衡理論，我們可以更精確地預測和分析不同情境下的行為，從而做出更明智的決策。這一理論提醒我們，任何決策都不應孤立考量，而應放在整體互動的背景下進行權衡，以找到最佳行動策略。

重點整理：

1. 納許均衡是指在賽局中，每個參與者在其他參與者的策略不變的情況下，無法透過單方面改變自身策略來獲得更大的收益，因此選擇維持現有策略，這使得所有參與者的策略達到穩定的平衡狀態。
2. 納許均衡由數學家約翰．納許於一九五〇年提出，該理論徹底改變了人們對競爭與市場的看法，並廣泛應用於市場競爭、國際談判等多方決策情境。
3. 麥當勞與肯德基選擇相鄰而居，形成了一個穩定的納許均衡。聚合經營能吸引更多消費者，增加雙方的收益，而選擇分散經營反而會導致風險增大和利潤下降。
4. 企業在價格競爭中通常會達到一種納許均衡狀態，如美國汽車市場的價格戰。

無論企業如何定價，都無法透過單方面改變策略來提高利潤，因為這會引發對手的跟進。

5. 在國際談判中，各國在達成協議時也會形成納許均衡。例如《巴黎氣候協定》中，各國逐步協商達成一個穩定的減低碳排放責任分擔，無法單方面改變策略而獲利。

6. 日常生活中的納許均衡應用：從購物中的價格協商、交通中的路線選擇，到職場中的工作條件，納許均衡理論能幫人理解各方在穩定的策略平衡下做出最佳選擇。

7. 在某些情況下，面對複雜的權謀鬥爭時，一個「厚黑」式的決策者如果不動搖其策略，可能最終能達到類似納什均衡的穩定狀態。也就是說，透過採用臉皮厚、心腸黑的策略，決策者能夠保持其利益最大化，從而在賽局中不被迫改變策略，實現穩定的局面。

「囚徒困境」理論是賽局理論中最經典的入門理論，它告訴我們，在做任何一個關於賽局理論的運用分析時，都應該考慮到怎樣處理衝突與利益同時存在的情形，否則一旦陷入「囚徒困境」，任何一方都無法獨善其身，即使雙方都有合作意願，也很難達成合作。

Chapter 05

囚徒困境：
活路就是比對手跑得快

1.註定不會合作的囚徒

在史達林時代的蘇聯，有一位樂隊指揮正搭火車前往下一個演出地點。當他在車上翻看當晚即將指揮演出的樂譜時，兩名保全警察（其實是特務）以間諜罪名逮捕了他。他們以為那樂譜是某種密碼，儘管樂隊指揮一再辯稱那只是柴可夫斯基小提琴協奏曲的琴譜，但仍無濟於事。

在樂隊指揮入獄的第二天，審問者得意洋洋地對他說：「我看你還是老實招了吧！我們已經抓到你的朋友柴可夫斯基了，他現在正向我們招供呢！你如果再不招，我就把你槍斃。如果你坦承犯行，可以只判你10年。」

這個故事確實令人發笑，但若只認為這個笑話是在諷刺那些特務的無知與無恥，還是不夠的。實際上，這些特務正試圖利用賽局理論中的囚徒困境來達成他們的目的。

囚徒困境（Prisoner's dilemma）是賽局理論中最經典的入門理論。擔任史丹佛大學客座教授的數學家艾爾頓・圖克（Alfredo T. P. Tuck）在一九五〇年對囚徒困境進行了更詳細的探討和推廣，使其成為賽局理論中最著名的例子之一。其基本架構如下：

有一天，一位富翁在家中被殺，財物也被盜。警方在偵破此案的過程中，抓住了兩個犯罪嫌疑人，斯卡爾菲絲和那庫爾斯，並在他們的住處搜出被害人家中丟失的財物。然而，他們都矢口否認殺人，辯稱只是先發現富翁被殺，然後順手牽羊偷了點東西。於是警方將兩人隔離，分別關在不同的房間審訊，由地方檢察官分別與他們單獨談話。

檢察官說：「由於你們偷盜的罪行已有確鑿的證據，至少能判你們1年刑期。但我可以和你做個交易。如果你單獨坦承殺人的罪行，我只求處你3個月監禁，但你的同夥則求處10年徒刑。如果你拒絕坦承認罪，而被同夥檢舉，那麼你將求處10年徒刑，而他只會被求處3個月。可是，如果你們兩人都坦承認罪，那麼你們都將被求處5年徒刑。」

斯卡爾菲絲和那庫爾斯該怎麼辦呢？他們面臨兩難的選擇——坦承認罪或否認。顯然，最佳策略是雙方都不認罪，這樣他們都只會被判1年。然而，由於他們都被隔離，無法串供，因此，如果每個人都以自利為出發點，那麼選擇坦承認罪是他們的最佳策略。

因為坦承認罪可以預期得到較短的刑期——3個月，但前提是同夥否認，顯然比自己否認卻被判10年來得好。這是一種損人利己的策略。不僅如此，坦承認罪還有更多的優勢：如果對方坦承認罪而自己否認，那自己將被判10年，這太不划算了！因此，在這種情況下，選擇坦承認罪是明智的。即使兩人同時坦承認罪，也只會被判5年，總比被判10年要好。

因此，兩人合理的選擇是坦承認罪，而對雙方有利的策略（否認）和結局（只被判1年）就不會發生。假如他們在接受審問前有機會見面詳談，那該多好，他們一定會同意拒不認罪。然而，他們很快會意識到，無論如何，那樣的協議也未必管用。

一旦他們被分開審問，每個人內心深處那種企圖透過出賣同伴以換取更好判決的想法，就會變得非常強烈。如此一來，他們仍然無法逃脫最終被判刑的命運。這正是賽局理論中的經典囚徒困境例子，也稱為囚犯的兩難選擇。

其實，許多人、企業，甚至國家，都曾深陷囚徒困境而難以自拔。例如，生死攸關的核能軍備控制問題。每個超級大國最希望的結果是另一個超級大國銷毀核子武器，而自己則繼續保留核武器，以防萬一。

最糟糕的結果莫過於自己銷毀核子武器，而對方卻仍然全副武裝。因此，無論對方做什麼，自己都傾向於保留核子武器。然而，雙方也可能一致認為，雙方同時銷毀核子武器的結果會比一方銷毀而另一方不銷毀更有利。

現在的問題在於決策之間的相互依賴性：雙方都希望看到的結果，卻是在各方選擇各自較差的策略時出現。如果各方都有明確的意圖，計畫突破協議並私下發展核子武器，那麼達成各方一致希望看到的結果的可能性就會降低。在這種情況下，只有其中一方根本改變其思維方式，才能將世界推回到裁減核能軍備的正軌上。

囚徒困境還體現了另一個普遍現象：大多數經濟、政治或社會的賽局遊戲與橄欖球或撲克牌這類賽局遊戲不同。橄欖球和撲克牌是零和賽局：一個人的得益即是另一個人的損失。

但在囚徒困境中，可能出現共同利益，也可能出現利益衝突；不招供的結果對兩個囚徒都是有利的，而非相反。類似地，在勞資雙方的談判中，雖然存在利益衝突，一方希望降低薪資，另一方則要求提高薪資，但大家都知道，如果談判破裂導致罷工，雙方都會遭受更大的損失。

2.用「相對速度」求生存

兩個人一起去山裡遊玩，結果遇到了一隻熊，他們都十分害怕。其中一個人彎腰把鞋帶繫好，做好逃跑的準備，另一個人對他說：「你這樣是沒有用的，你不可能跑得比熊快。」

那個準備跑的人卻回答說：「我不需要跑得比熊快，我只要跑得比你快就行了。」

這個故事告訴我們：當面臨別無選擇的時候，我們只有力爭比對手跑得快，才能讓自己獲得「囚徒困境」下可能的最佳處境。

在這個「朋友和熊」的故事裡，那個準備逃跑的人面臨以下幾個選擇：選擇A——不逃跑，被熊吃掉；選擇B——逃跑，但仍被熊吃掉；選擇C——逃跑，得以生還。在這些選擇中，如果選擇逃跑，則有生還的機會，而他的朋友也面臨相同的選擇。

對於選擇逃跑的人來說，只要他選擇逃跑，就有可能生還，而他的朋友選擇不逃跑，那麼生還的機會自然屬於他。但如果朋友也選擇逃跑，則生存還需要一個附加條件——他必須跑得比朋友快，才能生還。因此，在這個賽局中，他只有依靠「相對速度」才能求得生存。

在這裡，我們姑且不談道義上的問題。在殘酷的生存競爭中，了解誰是你的真正競爭對手非常關鍵。有時候你的表現不一定比「敵人」好，但至少要比同事優秀。與昨天相比，我們容易滿足，因為能看到自己的進步，這點是必要的，但我們也得懂得跟別人比較，了解自己的相對速度。

很多時候，我們會想：我已經努力改進自己，也取得了不小的進步，可以稍微放鬆一下了。與自己過去的表現比較是必要的，我們應該看到自己的進步，並堅定前行的信心，但別忘了，還要抬頭看看四周：其他人的表現如何？是否跑得比我快？有沒有值得我學習的地方？

我們知道，故事中繫鞋帶的人的絕對速度並不重要，相對速度才是關鍵。他只要跑得比朋友快，就不會落入熊的口中。

在這個世界上，要確定自己的位置，必須有對照組，因為人都是在比較中生存的。

換句話說，我們就像一群被狼群追逐的人，只要你跑不過其他人，倒霉的就是你。即使你已經跑出了自己的最好成績，也只能在狼嘴中喃喃自語：「我死而無憾了。」

生存和發展的機會往往有限，競爭者眾，僅僅做到盡力是不夠的。

3. 信任——管理者衝出囚徒困境的不二法門

在管理學中，「囚徒困境」是一個經典的賽局理論模型，描述了兩個理性個體在面對合作與背叛選擇時的矛盾。這一理論不僅適用於罪犯的選擇，也廣泛應用於企業管理中，尤其是在面對合作與競爭時。如何在這種困境中脫穎而出，將成為管理者的一大挑戰。

囚徒困境的基本情境是兩名嫌疑犯被捕，面臨是否與同夥合作（保持沉默）或背叛對方（指控對方）的決定。若雙方都選擇合作，兩人都會輕度受罰；若一方背叛而另一方合作，背叛者無罪，合作方將受到重罰；若雙方均背叛，則兩人皆受中等處罰。這一模型的核心在於，個體的最佳選項是背叛，但若雙方都這樣選擇時，則結果比雙方都合作時更糟。

在商業環境中，這種困境體現在企業之間的競爭與合作中。例如，兩家企業可能面臨是否合作以降低成本或各自競爭以爭取市場份額的選擇。管理者如何應對這種困境，將直接影響企業的競爭力和長期發展。

在商業領域，企業經常需要在合作與競爭之間取得平衡。根據二〇一九年的《哈佛商業評論》報導，全球約有百分之六十的企業在某種程度上參與了合作與競爭的混合策略。例如，科技巨頭如Google和Apple在某些領域直接競爭，但在其他領域，如開放標準和跨平台技術上，則選擇合作。這種策略不僅可以擴大市場占有率，還能在技術創新中保持領先。

以全球知名的科技公司為例，Google和Apple在智慧型手機市場上的競爭非常激烈。根據Statista的數據，二〇二三年，Apple的iOS系統占據了全球智慧型手機市場約百分之二十七，而Google的Android系統占據了約百分之七十二。雖然兩家公司在操作系統上競爭，但在某些領域，如AR（擴增實境）和AI（人工智慧），他們選擇了合作，共同推動技術的進步。

例如，Google的AI技術被應用於Apple的Safari瀏覽器中，以提高性能和安全性。這種合作使得兩家公司都能夠從對方的技術中受益，從而實現雙贏。

管理者如何突破囚徒困境

1. 建立信任

突破囚徒困境的關鍵之一是建立信任。根據《企業管理學》（Journal of Business Administration）期刊的研究，信任可以顯著提高合作的可能性。管理者應該努力建立和維護透明的溝通渠道，確保各方在合作中感到公平和受到尊重。這種信任不僅能促進內部團隊的合作，還能在外部合作夥伴之間建立穩定的關係。對內管理時，管理者要想突破囚徒困境，不二的法門就是信任下屬，亦即疑人不用，用人不疑。信任下屬才能發揮出他們的聰明才智，能夠信任下屬、依賴下屬，就會產生意想不到的效果。只要管理者的動機是純正、真誠的，其下屬肯定會報之以禮、待之以誠的。不然的話，即使是有大才也會湮滅。

2. 制定長期策略

短期利益往往會驅使管理者做出背叛的選擇。然而，長期策略可以幫助管理者在面對囚徒困境時做出更加理性的決策。根據《戰略管理學》（Journal of Business Administration）期刊的分析，企業在制定長期策略時應該考慮到合作的潛在利益。這種策略可以幫助企業在競爭激烈的市場中保持競爭力，同時實現可持續的發展。

3. 實施激勵機制

管理者可以透過設計激勵機制來促進合作。根據《管理學報》（Journal of Management and Business Research）的研究，適當的激勵措施可以有效提高人與人之間的合作意願。例如，企業可以設定獎勵制度，對那些在合作中表現出色的部門或員工進行獎勵，從而激勵其他人也採取合作的態度。

在面對囚徒困境時，管理者需要具備前瞻性和靈活性，透過建立信任、制定長期策略以及實施激勵機制來突破困境。從Google和Apple的合作案例中可以看出，即使在激烈的競爭環境中，透過合作也可以實現雙贏。隨著商業環境的複雜性增加，管理者的策略和決策將對企業的未來產生深遠的影響。掌握這些策略，管理者不僅能夠突破囚徒困境，還能在市場中取得長期成功。

4. 為何合作在囚徒困境中如此困難

囚徒困境是一個在賽局理論中廣為人知的理論模型，揭示了個體在面對自利與集體利益之間的選擇時，合作為何變得如此困難。在這個模型中，兩名罪犯被警方分別審問，並面臨選擇：供出同夥或保持沉默。這種情境展示了人性中的矛盾：即使合作能帶來最好的結果，但在無法確保對方也會合作的情況下，個人往往更傾向於選擇背叛。這種選擇困境深刻反映了合作在多方賽局中的挑戰，無論是在商業競爭、國際關係還是日常生活中，囚徒困境都能找到具體的事例。

囚徒困境的核心難題在於，個體行為是基於自身利益最大化的假設。經濟學家和心理學家均認為，個體通常會採取對自己個人最為有利的行動，即使這種行動在長期來看會對整體個體造成損害。根據《經濟心理學》（Journal of Economic Psychology）的一項研究指出，當個體預期他人不會合作時，僅有百分之四十的受試者會選擇合作，這表明合作的難度在於信任的缺乏。

囚徒困境之所以能夠反映出合作困難的根本原因，是因為它捕捉到了「信任的風險」這一關鍵要素。若雙方都保持沉默，則可獲得輕微的處罰，然而一旦一方選擇供出罪行而另一方保持沉默，供出者將獲得最大的利益，而沉默者將承擔最重的懲罰。這種情境下，任何一方都無法確定對方的選擇，這將導致了信任的瓦解。根據《心理學季刊》（Psychological Review）的一篇文章，信任的缺乏在賽局理論中的反映，正是造成合作難以實現的主要障礙之一。

囚徒困境的理論在現實中有許多具體的應用，例如國際政治中的軍備競賽。冷戰時期的美國與蘇聯，即是一個典型的囚徒困境。雙方都明白如果都不增加軍備，將能達成一個較為穩定的和平局面；但同時，任何一方都擔心對方可能會利用這一局面壯大軍力，而自己卻無法有效應對。結果是，雙方都投入了巨額資源進行軍備擴張，最終導致了一場長期的軍備競賽。這個過程中，理性合作的選擇被犧牲，導致了整體資源的浪費和長期的國際緊張局勢。

另一個典型的例子出現在商業競爭中。企業之間在定價策略上的決策往往面臨囚徒困境。當兩家公司在市場上提供相似的產品時，它們面臨著是否要降低價格以爭取更多市場份額的選擇。如果兩家公司都選擇降低價格，雖然市場份額可能增加，但整體利潤會下降；如果只有一家降低價格，該公司會在短期內獲得更大的市場份額，但也可能導致價格戰的展開，在削價競爭之下，最終兩敗俱傷。在這種情境下，儘管保持價格穩定的合作可能對雙方都有利，但企業往往出於自保選擇打價格戰，導致了行業內的惡性競爭。

除了理性選擇的考量之外，心理因素也常成為囚徒困境中的關鍵。人類天生具有某種程度的「損失厭惡」，即對於損失的感受往往比對於同等收益的感受更為強烈。這導致了在面對不確定情境時，人們更傾向於避免可能的損失，而非追求潛在的利益。因此，即使合作能帶來更好的結果，個體也會因害怕遭受對方背叛而選擇不合作。

此外，社會規範和文化背景也會影響合作的實現。例如，在高度重視集體主義的社會中，人們可能更傾向於選擇合作，因為社會價值觀強調個體應該為集體利益讓步。然而，在強調個人主義的文化中，個體更可能選擇自利行為，從而加劇了囚徒困境中的合作難題。

儘管囚徒困境揭示了合作的困難度，但也並非無解。研究表明，增加信任和溝通可以有效減少合作中的困境。根據《組織行為與人類決策過程》（Organizational Behavior and Human Decision Processes）的一項研究，當參與者之間能夠進行開放的溝通並建立信任時，合作的成功機率將增加超過百分之七十。

此外，賽局的重複進行也能夠促進合作。在一次性的囚徒困境中，背叛的誘因更強烈，但如果賽局多次重複進行，參與者會發現，長期合作能夠帶來更穩定且可預見的收益。這在國際關係中的表現尤為明顯，國與國之間透過長期的合作和信任建立，可以降低背叛的風險，從而實現更穩定的合作關係。

囚徒困境是一個強有力的理論工具，幫助我們理解合作為何如此困難。其根源在於自利行為、信任缺失以及心理和文化因素的影響。然而，透過增強信任、促進溝通以及重複賽局等方式，合作的障礙其實是可以被克服的。現實生活中的許多情境，包括國際政治和商業競爭，都體現了囚徒困境的影響，因此，理解並找到解決合作困境的辦法，對於促進人類社會的良性發展至關重要。

5. 推行價格聯盟，為價格戰解套

小羅在街上開了一間書店，開張三個月後，生意還算理想。然而，好景不長，裴某很快就在街角開了一間書店，結果兩家店的生意被平分，利潤自然也不如從前。

小羅對此非常不滿，決心要讓對手無法繼續經營。他迅速想出了一個吸引顧客的辦法：打折。於是，他在書店的玻璃窗上貼了一張宣傳單：「本店圖書除教材外，一律八五折！」果然，書店的生意好轉了幾天。可是，裴某很快也作出了反應，推出了更大的折扣：「本店圖書一律八折！」於是小羅再度加碼，貼出了新告示：「本店部分圖書七五折，凡購書滿千元者贈送精美禮品！」

兩家書店陷入了「價格戰」，兩位老闆見面時，雙方目光充滿敵意。兩個月後，小羅仔細一算，才發現這段時間不僅疲憊不堪，利潤也幾乎所剩無幾，接近賠本生意。他猜想，裴某的情況應該也好不到哪裡去。這樣不斷壓低價格，最終只會導致兩敗俱傷。

這就是典型的囚徒困境。在這種情況下，兩方選擇互相競爭而不是合作，結果反而損害了彼此的利益。賽局理論中，囚徒困境假設雙方無法合作且只考慮自身利益，導致最終做出對雙方都不利的決策。小羅和裴某的價格戰就是這一理論的現實例證，他們透過壓低價格爭奪市場，卻忽視了長期的利潤損失。

在現實商業中，單純依賴價格戰並非有效的長期策略。企業若想突破這樣的困局，需要從策略上尋求差異化，而非僅依賴價格競爭。

以Apple為例，Apple並沒有選擇與競爭對手在價格上正面交鋒，而是專注於創新、品牌價值和生態系統的建設。Apple透過提供獨特的產品和人性化的用戶體驗，建立了高度忠誠的客戶群體，即使其產品價格高於市場平均水準，仍吸引大量消費者支持。根據Counterpoint Research 二〇一九年的報告，Apple的iPhone雖然僅占全球智慧型手機市場份額的百分之十三，卻獲得了全球手機市場百分之八十七的利潤。

Apple的成功展示了企業如何透過差異化策略打破囚徒困境。它並沒有被迫參與價格戰，而是透過提供其他品牌無法匹敵的價值，擺脫了價格競爭的束縛。這表明企業完全可以藉由創新、品牌建設和客戶關係管理來獲取長期的競爭優勢，避免陷入價格戰的陷阱。

因此，企業若能識別和利用自身的獨特優勢，並專注於為客戶提供更高的價值，就能突破價格戰的囚徒困境，實現可持續的增長與成功。與其陷入無止境的價格戰，企業更應該選擇透過創新和差異化來提升競爭力，這才是長期獲勝之道。

重點整理：

1.囚徒困境是一個經典的賽局理論模型，描述了兩個嫌疑犯在無法互相溝通的情況下，面臨合作（保持沉默）或背叛（檢舉對方）的選擇。即使合作能帶來最好的結果，由於不確定對方是否會合作，個體通常選擇自保背叛，最終導致雙方皆受中等懲罰，這是損人不利己的局面。

2.囚徒困境揭示了個體在追求自利時往往犧牲了集體利益，導致雙方皆受損。即使雙方合作能帶來更好的結果，無法確保對方也合作時，個體常選擇背叛，進一步反映了信任缺乏的問題。

3.在企業管理中，囚徒困境體現於競爭與合作的平衡。公司面臨是否合作以降低成本或選擇競爭來爭取市場份額，這一決策會影響企業的長期發展。成功的管理者需突破這一困境以實現雙贏。

4. 要打破囚徒困境，建立信任至關重要。管理者應透過透明的溝通和長期策略來提高合作的可能性，避免因短期利益而做出損害長期發展的決策。

5. 在競爭中，成功的關鍵不在於絕對的表現，而是比對手略勝一籌。這個生存策略與囚徒困境類似，個體必須在競爭中尋求相對優勢以保全自己。

6. 心理因素如「損失厭惡」使得個體在面對不確定性時，傾向於避免潛在損失，而非追求合作帶來的利益。因此，儘管合作可能帶來更好的結果，個體仍會因害怕背叛而選擇自利行為。

7. 面對「背叛是唯一可靠的理性選擇，因為合作的風險太高，個人利益必須優先」的厚黑心理時，透過公開承諾和透明的賽局規則，背叛的代價會極大提高，從而降低背叛的吸引力。

中國有《三個和尚》的故事，故事說「一個和尚挑水喝，兩個和尚抬水喝，三個和尚沒水喝」，講的其實就是一種智豬賽局。智豬賽局是一個不同期望值之間的賽局，如果所有各方的期望值都相同，那麼就會陷入「三個和尚沒水喝」的僵局，如果有一方的期望值低於另一方的期望值，而且這種期望值也容易實現，那麼另一方就大可做那隻坐享其成的「智豬」。

Chapter 06

智豬賽局：
天時地利皆我取

1.多勞並不多得的智豬賽局

在賽局理論中，有一個非常有趣的模型，稱為「智豬賽局」（Boxed Pigs Game）。這個模型來自一個故事：

有兩隻豬，一大一小，被關在一個長型籠子裡。籠子的一端有一個踏板，另一端則是飼料的出口和食槽。踩下踏板後，會有10份豬食掉入食槽，但踩下踏板後再跑到食槽所耗費的體力，必須吃掉2份豬食才能補充回來。問題在於，踏板和食槽分處籠子的兩端，當踩下踏板的豬從踏板處跑到食槽時，飼料可能已經被另一頭坐享其成的豬吃得差不多了。

在這種情況下，兩隻豬可以選擇兩種策略：自己去按踏板或等待另一頭豬去按。如果某頭豬選擇自己去按踏板，不僅要付出勞力，消耗兩份飼料，且由於踏板遠離食槽，它將比另一頭豬晚到食槽，從而減少能吃到的飼料數量。

我們假設：如果大豬先到（即小豬踩下踏板），大豬將吃到9份飼料，而小豬只能吃到1份，最終雙方的收益為（9：−1）。如果小豬先到（即大豬踩下踏板），大豬和小豬將分別吃到6份和4份飼料，最終雙方的收益為（4：4）。如果兩頭豬同時踩下踏板並同時跑向食槽，大豬將吃到7份飼料，小豬吃到3份，雙方的收益為（5：1）。如果兩頭豬都選擇等待，那麼都將吃不到飼料，雙方的收益均為0。

那麼，這個賽局理論的均衡解是什麼呢？答案是，大豬選擇踩下踏板，而小豬選擇等待，此時大豬和小豬的平均淨收益為4個單位。這就是一個「多勞並不多得，少勞並不少得」的均衡。

為了找出這個均衡解，我們可以採用「重複剔除最劣策略」的邏輯思路。這一思路可以歸納如下：首先找出某一參與者的最劣策略並將其剔除，然後重新構造一個不包括該策略的新賽局；接著，繼續剔除這個新賽局中另一參與者的最劣策略；重複這一過程，直到剩下唯一的策略組合。這個唯一的策略組合就是該賽局理論的均衡解，稱為「重複剔除的占優策略均衡」。

從智豬賽局的收益矩陣中，我們可以看出，小豬踩踏板只能得到1份，甚至可能損失1份；而不踩踏板反而能得到4份。對小豬而言，無論大豬是否踩下踏板，小豬採取「搭便車」策略——舒舒服服地等在食槽邊，就是最佳選擇。

由於小豬擁有「等待」這一優勢策略，大豬只剩下兩種選擇：等待會導致無法獲得飼料；踩下踏板則能得到4份。因此，等待變成了大豬的劣勢策略。當大豬明白小豬不會去踩踏板時，自己去踩踏板總比不踩強，所以只好為了那4份飼料，不知疲倦地在踏板和食槽之間奔忙。

也就是說，無論大豬選擇什麼策略，對小豬而言，踩踏板都是最劣策略，因此首先應該剔除這一選項。在剔除小豬踩踏板這一選擇後的新賽局中，小豬只有等待這一個選擇，而大豬則有兩個可供選擇的策略。

在大豬的這兩個策略中，等待是一個最劣策略，因此我們再剔除大豬的最劣策略——等待。剩下的新賽局中，唯一可選的策略組合就是小豬等待、大豬踩踏板，這便是智豬賽局的最終均衡解，即重複剔除的優勢策略均衡。

「智豬賽局」與「囚徒困境」的不同在於：囚徒困境中的犯罪嫌疑人各自都有最優策略，而在智豬賽局中，只有小豬有最優策略，大豬則沒有。智豬賽局的存在基礎在於雙方無法擺脫共存局面，而且必須有一方付出代價以換取雙方的利益。而一旦有一方的力量足以打破這種平衡，共存的局面便不復存在，期望將被重新設定，智豬賽局的局面也隨之破解。

中國有《三個和尚》的故事，故事說「一個和尚挑水喝，兩個和尚抬水喝，三個和尚沒水喝」。看起來，他們都想成為那隻「智豬」，但卻因為無人願意承擔責任，導致每個人都無法獲得利益。

用我們日常的話來說，智豬賽局就是一個不同期望值之間的賽局理論。如果各方的期望值都相同，那麼就會像〈三個和尚〉中的和尚一樣陷入僵局；但如果其中一方的期望值低於另一方，而且這個期望值容易實現，那麼另一方就可以選擇做那隻坐享其成的「智豬」。

2.後發制人的「老二哲學」

在智豬賽局中，小豬的最佳策略是等待大豬去踩踏板，然後從中受益。換句話說，小豬在這個賽局理論中具有後發優勢。如果大豬不踩踏板，小豬不會有額外損失；如果大豬不踩踏板，雙方都無法進食；但若大豬踩了踏板，小豬則可以多吃一些。

在《孫子兵法．虛實篇》中，有一段十分精闢的論述：「凡先處戰地而待敵者佚，後處戰地而趨戰者勞。故善戰者，致人而不致於人。」

然而，先發制人固然能取得一定優勢，但如果無法將這種優勢轉化為最終勝利的關鍵時，反而會陷入被動，為對方創造機會。當兩人激烈交戰時，一方若退讓一步，另一方則往往來勢洶洶，立刻全力以赴；而最終的勝利者，往往是那個懂得保存實力的一方。劉備在這一點上表現得尤為出色。

東漢末年，曹操挾天子以令諸侯，勢力龐大；劉備雖是皇叔，卻勢孤力弱，為防曹操謀害，不得不在住處後園種菜，親自澆灌，以隱藏實力。

這一天，劉備正在澆菜，曹操派人邀請劉備，劉備只得膽戰心驚地前往曹府。來到曹府，曹操不動聲色地對劉備說：「在家做得大好事！」

說者有意，聽者更有心。劉備聽完這句話，嚇得面如土色。曹操隨即改口道：「你學種菜，確實不容易。」這才使劉備稍稍放下心來。曹操又說：「剛才看見園內枝頭上的梅子青青的，想起以前的一件往事（即「望梅止渴」），今天見此梅，不可不賞，恰逢煮酒正熟，故邀你到小亭坐一會兒。」劉備聞言後心神方定。

二人來到小亭，只見案上已經擺好了各種酒器，盤內放置了青梅，於是兩人將青梅放入酒樽中開始煮酒，二人對坐，開懷暢飲。酒至半酣，突然烏雲密布，大雨將至，曹操大談龍的品行，並將龍比作當世英雄，問劉備：「請你說說當世英雄是誰？」劉備裝作毫無大志的模樣，說了幾個人，都被曹操否定。

曹操此時的主要目的是想探聽劉備是否有稱雄天下的野心，於是說：「所謂英雄者，胸懷大志，腹有良謀，有包藏宇宙之機，吞吐天下之志者也。」

劉備問：「誰能當英雄呢？」曹操單刀直入地說：「當今天下英雄，只有你和我兩個！」

劉備一聽，大吃一驚，手中的筷子也不知不覺掉到地上。正巧雷聲大作，天降大雨，劉備靈機一動，不慌不忙地彎腰拾起筷子，藉口害怕打雷，所以掉了筷子。曹操這時才放心，笑道：「大丈夫也怕雷嗎？」劉備說：「連聖人面對迅雷烈風也會失態，我豈能不怕呢？」劉備經過這樣的掩飾，使曹操認為他是個胸無大志、膽小如鼠的庸人，從此再不懷疑他。

後來，劉備終於得以東山再起，成就了一番偉業。

曹操「煮酒論英雄」時，劉備尚未崛起。如果劉備當時不隱藏自己的才華，勢必引起曹操的戒備，甚至招來殺機。劉備的這種智謀，實際上就是一種後發制人的智豬賽局策略。

這種後發制人的策略，又被稱為「老二哲學」。所謂「老二哲學」，就是既不做第一，也不做第三，而是緊跟在第一名之後，蓄勢待發，伺機而動，最終衝刺第一。可能是不願當「出頭鳥」，或是選擇跟隨在後，搭乘便車，但最終沒有人會甘於屈居第二，老二只是暫時的過渡。

生活中，許多人不懂「老二哲學」，事事都爭搶第一，以為搶先一步就能獲得他人無法掌握的機會。但事實證明，爭搶第一的未必是最終的勝利者。

所謂「螳螂捕蟬，黃雀在後」。願意甘居第二、懂得居於第二的人，正如黃雀一般。許多人，尤其是商界人士，對此深有體會。他們辛勤開拓市場，但當銷售額有所提升時，卻又產生後顧之憂。為什麼？因為此時，往往有實力雄厚的對手跟進，後發制人，以實力壓制。某些經商大戶對高風險或無暇經營的生意，暫時按兵不動，讓其他小資商人冒風險開發，等到有利可圖時，再迅速進場並取而代之。

黃雀對螳螂式的後發制人策略，儘管略顯不公平，但在商業競爭中並無違背道德。這提醒我們，無論是在商場競爭中，還是在生活中的其他領域，如果你的實力不夠雄厚，還是甘居第二，以求後發制人為佳。

當然學會做老二，並不是目的，而是基於賽局理論的一種策略，其真正目的是為了最終成為領先者。不積跬步，無以至千里；不積小流，無以成江海。學會做老二，不僅是一種現實的選擇，更是生存的必然要求。

3. 能搭便車而不搭是浪費資源

智豬賽局指的是小豬經常依賴大豬來獲取食物。在現實社會中，搭便車的現象比比皆是，其中一個典型的例子就是共享經濟平台上的Uber司機行為。

在Uber的運作機制中，乘客需求經常在特定時段急遽上升，尤其是下班交通尖峰期或大型活動結束後。這時，司機供應與乘客需求之間形成了一種賽局博弈。部分司機會提早上線（大豬），以確保自己能在高需求時段搶占先機，然而他們承擔了等待時間較長、無乘客可接的風險。其餘司機則選擇在需求高峰時才上線（小豬）。他們藉由大豬早期的努力與等待，避免了空車等候客人的時間成本，直接受益於市場的旺盛需求。這種「搭便車」的現象與智豬賽局中的策略相似。

大豬（先發者）付出了先期的時間與成本，卻為小豬（後發者）創造了利潤機會。小豬不僅避免了提早入場有可能空等的風險，還能充分利用高需求時段進場獲益。

就像智豬賽局故事中的小豬，即使自己不踩踏板，一樣可以吃到食物，為什麼自己要去踩踏板呢？完全沒有必要。能搭便車而不搭其實是一種資源浪費，如果在智豬賽局裡，小豬也傻傻地去踩踏板，大豬也踩，那麼飼料落下的還是一樣多，小豬的力氣就白白浪費了，所以不踩踏板才是最明智的選擇，因為不踩踏板照樣可以吃到食物，還有可能因為不踩踏板而提前到達飼料出口，更快地吃到食物。

搭便車行為符合經濟學原則，且與柏拉圖效率相互一致。柏拉圖效率指的是在不使任何一方變得更糟的情況下，讓某些人的狀況變得更好，這稱為「柏拉圖改善」。搭便車行為正是這樣的一種策略，其中，聰明的一方利用他人的努力或資源從中獲益，使自身處於更有利的位置。

關注IT產業的人或許都知道，生產電腦中央處理器CPU的兩大巨頭是英特爾和超微半導體（AMD）。

在一九九九年至二〇〇〇年間，若你觀察這兩家企業，可以發現，每次CPU的升級似乎總是由AMD率先引領。例如，當英特爾從Pentium III升級到Pentium IV時，最早引起市場關注的卻是AMD；當AMD將最新設計的高速CPU進行各類廣告宣傳，並在市場上引發熱潮一、兩個月後，消費者對產品的認識和購買欲望已經被充分激發；這時，英特爾作為產業的領導者，才會正式宣布推出類似產品，來「收割」AMD廣告所培養的市場需求。

在這場競爭中，勝利者是英特爾，因為在CPU市場中，英特爾不僅市占率高達百分之七十以上，更擁有強大的資金優勢。在人們眼中，英特爾似乎永遠是這個領域的領導者，因此，不論是OEM代工生產市場，還是零組件零售市場，英特爾都占有優勢。因此英特爾有把握讓競爭對手先把市場預熱後，再適時進場擊敗對手。

搭便車行為雖然通常是弱者依賴強者的策略，但由於弱者所需付出的成本較低，而所獲得的利益卻能接近強者，因此有時這種搭便車的行為也可能會對強者造成不利影響。在這種情況下，搭便車的行為雖然看似符合柏拉圖效率，但實際上卻可能會引發資源分配的不平衡。

的確，此時的搭便車行為可能會使市場的領先者承擔更大的風險，但對市場競爭而言，這樣的行為卻更有利於技術的進步。消費者將因此獲得更多利益，而眾多市場追隨者企業也因此變得更好。雖然這樣的成果是以領先者付出成本為代價，但相較於眾多追隨者所獲得的總收益來看，這樣的成本付出還是相當值得的。

這種情況通常發生在實力相當的競爭者之間。當一個企業在推出新概念後引領市場，許多追隨者會迅速跟進。雖然最初出手的企業可能會在短期內獲得高額的利潤，但由於開拓市場需要支付高額的廣告費用，最終受益更多的可能是那些後來的追隨者。

此外，當競爭者之間的實力相差不大時，弱者雖然會從中受益，但其市場占有率可能不足以超越領先者。然而，如果眾多後進者的力量聯合起來蠶食市場，其競爭威力也是非常驚人的。

4. 善借「名人效應」成就自己

從賽局理論的角度來看，「名人」無疑是一頭「大豬」，而「小豬」們如果能夠善用「名人的效應」，便能在成功的路上事半功倍。

一位商人積壓了一大批滯銷書籍，當他苦於無法出售這些書時，靈光一現，決定送一本給總統。於是，他三番兩次地向總統徵求意見。總統每天忙於政務，沒有時間與他糾纏，出於敷衍，隨口答了一句：「這本書不錯。」商人回去後便大肆宣傳：「現有總統喜愛的書出售。」結果這些書籍在短時間內銷售一空。

不久後，商人再次面臨滯銷的困境，於是又送了一本書給總統。這次總統因為有了上次的經驗，想要挖苦他，便說：「這本書糟透了。」商人聽後，反而滿心歡喜，回去以後又做廣告：「現有總統討厭的書出售。」出於好奇，不少人紛紛搶購，結果書籍再次銷售一空。

第三次，商人再次將書送給總統，總統因為前兩次的經驗，便不予作答而將書棄之一旁，說了句：「我不下結論。」他想看看商人還能玩出什麼新花樣。沒想到商人離開後，又大肆宣傳：「現有總統難以下結論的書，欲購從速。」這批書籍再次被搶購一空。

總統哭笑不得，而商人則大賺了一筆！

上例中的商人深諳借助名人效應的強大威力，將「借助」這一賽局策略演繹得淋漓盡致，實在令人佩服。然而，仍有一些人面對機遇就在眼前，名人就在身邊時，卻視而不見，甚至拱手讓出機會，眼睜睜看著大好的機會溜走，讓人不禁扼腕嘆息。

Facebook在創立初期，正處於快速成長的階段。創始人馬克・祖克柏（Mark Zuckerberg）尋求資金以擴展這個新興的社交媒體平台。當時，Facebook還是一個相對陌生的名字，投資界對其未來的前景充滿了不確定性。

彼得・提爾（Peter Andreas Thiel），作為知名的風險投資家和PayPal的共同創始人，對Facebook的潛力曾有先期的了解。據報導，他曾考慮向Facebook投資五百萬美元，但最終因對Facebook的商業模式和市場潛力持保留態度而未做出投資決策。這樣的決定使他錯失了Facebook成長的關鍵時期。

最終，其他風險投資者，如Accel Partners，把握住了這個機會，早早投資了Facebook。這筆先期投資後來證明是非常成功的，Facebook的估值從幾十億美元迅速飆升，成為全球最大的社交媒體平台之一。與此同時，彼得・提爾的競爭對手和其他投資者享受了這筆投資帶來的巨大利潤。

這個故事告訴我們，即使是資深的投資者，也可能面臨機遇擺在眼前卻視而不見。彼得・提爾錯過了這個重要的投資機會，雖然他後來也投資了許多成功的科技公司，但這次錯失的投資機會無疑是他職業生涯中的一大遺憾。在商業世界中，能夠快速識別並把握機遇，是成功的關鍵。這個案例不僅突顯了名人效應和市場機遇的重要性，也提醒我們在關鍵時刻必須迅速做出明智的決策，避免錯過可能改變未來的機會。

其實，在生活中，即使是處於劣勢的一方，賽局初期他們的實力可能也很微弱，但最終卻能由弱變強，這與他們運用名人效應的策略密不可分。人們往往會認為名人所處的環境異常卓越，基於這種心態，人們紛紛追隨、模仿名人，因此所有與名人相關的事物都會變得搶手，與名人相關的人也會被視為非凡。

因此，在進行競爭的過程中，「小豬」們應該設法充分利用名人的效應。

有人提出異議：「這道理大家都明白，但關鍵在於如何與名人交朋友。」我們不妨聽聽「千金買鄰」的故事：

在南北朝時期，有位名叫呂僧珍的人，世代居住在廣陵地區。他為人正直，富有智慧與膽略，因此受到人們的尊敬與愛戴，聲名遠播。因為呂僧珍品德高尚，人們都希望能與他親近交流。季雅便在呂僧珍家隔壁購買了一套房子。

有人問：「你買這房子花了多少錢？」季雅回答：「一千一百兩。」有人驚訝地問：「怎麼會這麼貴？」

季雅說：「我是用百金買房子，用千金買高鄰啊！」

可能有人會說自己沒有「千金買鄰」的實力，難以結交名人，但如果你擁有像季雅那樣的勇氣和魄力，哪位名人是你結交不到的呢？

5. 既是「大豬」，也是「小豬」

「智豬賽局」這一經典概念已經擴展到生活的各個層面，不論是在戰爭中，還是商業競爭中，尤其在當今的職場環境中，類似的情形經常發生。在辦公室的人際衝突中，有些人可能成為不勞而獲的「小豬」，而另一些人則充當吃力不討好的「大豬」。

老馬可謂是「智豬賽局」中的「大豬」。每天下班後，老馬的第一件事就是打電話，他總是向周圍的朋友訴苦：「我快瘋了！所有工作都交給我一個人做，簡直把我當成機器人了！」

老馬在公司的核心部門——發展部工作。每天都是手上的工作還沒做完，又有其他幾項工作等著他處理，使他幾乎沒有喘息的機會。雖然發展部是公司的重要部門，但僅有三名員工。而且這三個人還分了三個等級：部門經理、經理助理、普通職員。很不幸地，老馬是經理助理，處於中間的階級。

老馬總是抱怨說：「經理的工作就是發號施令，他是『管理層』嘛！上面交辦給他的任務，他一句話就打發了：『老馬，把這件事辦一辦！』但我接到工作後，卻不能隨便對下屬阿冰說：『你去辦！』因為阿冰比我年長，又是經理的『老兵』；而且他學歷低、能力有限，我怎能放心把工作交給他？」老馬只能無奈地嘆息，將自己當成三人用，加班完成上級交代的任務。

更糟糕的是，由於事事都是他出面，其他部門的同事漸漸了解了：要找發展部辦事，就找老馬！甚至連老總也不再向經理指派任務，而是直接把檔案丟到老馬的桌子上。這使老馬的辦公桌上檔案堆積如山，甚至連阿冰也敢把工作交給他。

這天，阿冰把一疊發票放到老馬面前說：「你幫我去財務部報一下。」老馬當場啞口無言，半天才問：「你為什麼自己不去？」阿冰低聲說道：「我跟財務不熟，你去比較好！」雖然心中十分不滿，但老馬礙於同事情面，最終還是去了財務部。

事情演變成了這樣的局面：老馬一上班就像陀螺似的不停轉動；經理則躲在辦公室裡打電話，美其名曰「聯絡客戶」；而阿冰則玩紙牌遊戲，順便上網和老婆聊天，逍遙自在。

年終時，由於部門業績出色，上級獎勵了四萬元，經理獨得二萬元，老馬和阿冰各得一萬元。老馬想想自己辛勞一整年，卻和不勞而獲的人所得一樣，心中不免感到鬱悶。但是自己又能怎麼辦呢？他知道如果不做事，連這一萬元也可能得不到，說不定還會失去工作，想來想去，最終還是繼續當「大豬」。

老馬的遭遇在辦公室裡並不罕見：有些人像「小豬」，舒舒服服地躲在一旁偷懶；而另一些人則像「大豬」，疲於奔命，吃力不討好。然而，不論如何，「小豬」們總有一個共同的觀點：團隊中的責任和罰則，最終會落在整個團隊身上。因此，總會有「大豬」毅然站出來，承擔起完成任務的重擔。

但是，這是不是說當「小豬」就一定好呢？

老魏是一位在大企業工作的「聰明」人。他這樣評論自己：「從大學時期開始，我就不是最引人注目的學生。在學生會裡，我從不出風頭，只是幫助那些最能幹的同學做些協助性的工作。如果工作做得好，受表揚少不了我；但如果工作搞砸了，對不起，那跟我毫無關係。」

老魏在職場也同樣奉行這樣的處世哲學。他說：「我常常納悶，怎麼會有那麼多人下了班嚷嚷著自己累？如果既累又沒有加薪或升職，那只能說明自己笨！我從小職員升上經理，一直輕輕鬆鬆地前進，反正天塌下來有人頂著。」

有位朋友問他：「你這樣做，同事不會有意見嗎？」

老魏眨眨眼睛，一臉神祕地說：「這就是祕訣！你怎麼能保證每次都有好心人幫你呢？首先，要和同事維持良好關係，讓他們覺得你們是朋友，這樣在關鍵時刻他們可能會出於義氣幫助你。其次，要堅定立場，堅決不做事，什麼事都讓別人做。有些人就是愛表現，那就給他們表現的機會，反正出了事，先死的是他們。萬一遇到不愛表現的人，對我看不慣，我會告訴他，我不是不想做，而是做不了。你想動我？對不起，我有很多朋友，他們會替我說話。」

老魏就是職場中典型的「小豬」，總是喜歡投機取巧。然而，從長遠來看，這並不是一種好的策略，總有一天他會被社會淘汰。

那麼，究竟是當「大豬」好，還是當「小豬」好呢？

說到底，做「大豬」雖然辛苦，但做「小豬」也並非輕鬆。雖然工作上可以偷懶，但私下卻需要投入更多精力來編織和維持人際關係，否則在公司的地位將會岌岌可危。為什麼老馬總是忍氣吞聲？還不是因為阿冰是經理的老部下。而老魏為什麼如此有恃無恐？無非是因為背後有人撐腰。難怪有人說，做「小豬」的都是聰明人，不聰明的人怎麼能在職場上左右逢源呢？

的確，「大豬」加班，「小豬」拿加班費，這種現象在企業中屢見不鮮。每次不論多大的專案，加班人手總是越多越好：原本一個人就能完成的工作，往往安排兩個甚至更多人來做。「三個和尚沒水喝」的現象便在此時出現了。如果大家都耗在那裡，誰也不願意先動手，最終工作無法完成，反而會被老闆責罵。

這些常年在一起工作多年的戰友們，對彼此的工作習性早已瞭若指掌。「大豬」知道「小豬」向來過著不勞而獲的生活，而「小豬」也深知「大豬」出於面子或責任感，終究不會袖手旁觀。因此，結果往往是一些「大豬」們心裡過意不去，最終主動去完成任務，而「小豬」們則在一旁逍遙自在，反正任務完成後，獎金也照拿不誤。

但話說回來，這樣的「聰明」並不可取。說到底，在職場還是得靠實力與能力來證明自己。靠人際關係或許能一時得意，但不會一生永逸。「小豬」們不出力卻被提拔，表面上看似風光，其實內心也會感到心虛：一旦有一天東窗事發，該如何應對呢？

「大豬」們勤勞苦幹，固然能積累實力，但若無法懂得適時保護自己，便容易被消耗殆盡，最終落得吃力不討好的局面。而「小豬」們雖懂得運用人際技巧，表面上遊刃有餘，卻因過度依賴權謀，未必能長久立足於激烈競爭中。職場如同戰場，光靠踏實努力是不夠的，還需要在適當的時候保護自己免受剝削，捍衛自己的利益。因此，無論是「大豬」還是「小豬」，最終都必須明白一個道理：真正的贏家，並非只有能力過人，更在於如何在厚黑之間游走自如，掌握平衡。

重點整理：

1. 智豬賽局（Boxed Pigs Game）是一個賽局理論模型，描繪了兩隻豬在爭奪有限資源（食物）時的策略選擇。在這個模型中，兩隻豬必須決定是自己去踩踏板還是等待對方行動，涉及勞動投入與收益的權衡。

2. 在智豬賽局中，大豬和小豬的行為選擇將影響彼此的收益。收益矩陣顯示出大豬和小豬的不同策略組合會導致不同的結果，例如，大豬踩下踏板後小豬的收益取決於小豬是否選擇等待。

3. 最終均衡解為大豬選擇踩下踏板，小豬則選擇等待，這是一個「多勞並不多得，少勞並不少得」的情境。這種均衡解可透過「重複剔除最劣策略」的過程來取得，最終得出小豬的優勢策略是等待。

4. 智豬賽局與囚徒困境的不同之處在於，智豬賽局中只有小豬擁有優勢策略，而大豬則缺乏最佳選擇，導致小豬的搭便車策略成為最佳選擇。

5. 小豬在賽局中擁有後發優勢，這類似於古代軍事策略中的「老二哲學」，即在競爭中緊跟在前者之後，伺機而動，避免不必要的風險，最終取得勝利。

6. 在職場中，「大豬」付出了很多，卻沒有得到應有的回報；做「小豬」雖然可以投機取巧，但這並不是一種長遠的計策。因此，身在競爭激烈的職場中，一個最理想的做法就是，既要做「大豬」，也要會做「小豬」，做一個「能屈能伸的人」。

7. 真正的賽局高手，絕對是捕捉時機的高手。他能根據實際形勢的變化，靈活地選擇自己的策略。在實際的賽局中，雙方情況千變萬化，弱的一方如果墨守成規，只會使自己坐失良機。

公共設施的損壞、過度放牧導致的荒漠化、環境汙染，以及光天化日之下的違法行為等，這些現象都屬於「公有地悲劇」的範疇。公有地悲劇帶給我們的最大啟示是：個人理性與集體理性之間存在一個衝突的悖論——每個人天性自私，當我們每個人都依循自身利益行事時，整個群體就會呈現出一種失序的狀態。防止公有地悲劇的方式有兩種，一種是制度約束，另一種是道德規範。

Chapter 07

公有地悲劇：個人理性與集體理性的衝突

1.從「公共資源的悲劇」說起

明代的劉基在《鬱離子》一書中講述了一個關於官船的故事：

官員瓠里子正打算從吳地回到故鄉粵地，按理他可以搭乘官船。但當他到河邊發現岸邊停靠了一千多艘船，卻不知哪一艘是官船。送行的人告訴他：「這簡單，我們沿著岸邊走，篷布破舊、船櫓斷裂、帆布破損的，那就是官船。」

瓠里子依此指引去找，果然沒錯。他不禁感嘆道：「世風日下，公家的東西竟被如此糟蹋。」

這個故事講述的正是「公共資源的悲劇」。這一理論最早由哈丁提出。一九六八年，哈丁（Garrett James Hardin）在《科學》雜誌上發表了一篇題為〈The Tragedy of the Commons〉的文章。哈丁所說的「the commons」不僅指公共土地，還包括公共水域、空氣等資源。

哈丁在文章中舉了一個具體的例子：有一群牧民住在一片綠油油的草原上，按照代代相傳的習俗，所有人都可以在這片草原上放牧。然而，牧民們只顧著讓自己的牲畜吃得飽、長得壯，卻沒有考慮到其他牧民的利益。結果，隨著牧群越來越多，草原的資源被逐漸耗盡，最終草原消失殆盡。草原一旦消失，牧群也無法生存，所有人都因此遭受損失，這就是「公共資源的悲劇」。

公有地悲劇的問題在現實生活中非常普遍。以不可再生資源的過度開採為例，油田通常位於多家鑽油公司土地的下方。當油田只屬於一家公司時，企業會謹慎抽油，以使產量最大化；但若多家公司共享油田，各家業者則會像競賽般的加速抽油，因為抽得越快，產量就越多。結果，油田的大部分資源將因此永久枯竭。

再如環境汙染問題。若某地存在工業汙染卻未獲政府進行有效管制，企業為了取得最大獲利，會選擇犧牲環境，不願投資環保設備。如果只有一家企業投入資金治理汙染，而其他企業不作為，該企業的生產成本將因此上升，利潤隨之減少。

關於公有地悲劇的成因，哈丁在文章中指出：「在共享公有物的社會裡，每個人都追求自己的最大利益，這正是悲劇的根源。每個人被迫在有限的資源中無限制地增加牲畜，最終將導致資源枯竭，使所有人走向毀滅。因為在這樣的制度下，每個人都只顧自身利益。」

由此可見，公有地悲劇給我們最大的啟示是：個人理性與集體理性之間存在著一個衝突的悖論。每個人都是自私的，當每個人都依據自己的利益行動時，集體將陷入失序狀態。無論個人多麼努力，這種失序最終會毀掉個人的付出成果，因為每個人的利益偏好各不相同。如果集體行動缺乏規範導引，那麼最終必然是一場悲劇。

防止公共資源悲劇的發生有兩種方法：**一是制度上的，即建立中心化的權力機構**，無論這機構是公共的還是私人的——私人擁有和處置公共地，也是在行使權力；**第二種是依靠道德約束，這與去中心化的獎懲機制密切相關。**

在現實生活中，這種悲劇是可以避免的。在悲劇尚未發生時，若能建構一套價值觀或一個中央管理系統，就能防止悲劇的發生。因此，在任何社群存在之處，通常都設有一個管理機構，用來協調與管理群體，以避免悲劇發生。

2.產權明晰——草原荒漠化的還魂丹

根據媒體報導，二〇〇一年一月一日，北京市和銀川市經歷了一場嚴重的沙塵暴，沙塵像霧一般籠罩著這兩座城市。這無疑再次敲響了生態危機的警鐘。專家警告，如果不採取有效措施來治理荒原的沙漠化，北京可能在不久的將來被沙漠掩埋，重演像樓蘭古國消失的歷史悲劇。

土地荒漠化是中國乃至全球面臨的重大生態問題之一。許多人認為，荒漠化的根本原因是人類對土地資源的過度開發，已超出了土地的承受能力，導致生態平衡被打破。以過度捕撈為例，過去幾十年間，全球多個國家的漁業資源急遽減少。比如，北大西洋的鱈魚因過度捕撈，導致海洋生態系統失衡，漁業產業一度瀕臨崩潰。此外，亞馬遜雨林的過度砍伐也是一個國際關注的環境問題。大規模的伐木活動和土地開發，不僅加劇了生物多樣性的流失，也對全球氣候變遷產生深遠影響。

這些現象與哈丁所描述的「公共資源的悲劇」如出一轍。問題的根源在於，當環境資源屬於所有人時，卻往往成為誰都不願負責的問題。

找出問題的根源便能尋找到解決的辦法。由於「公有地悲劇」的根本原因在於資源為公共所有，因此解決之道在於確立清晰的產權。回顧過往歷史，英國在十五、十六世紀進行的「圈地運動」便是明晰產權的典型案例：當土地被圈畫成為貴族或地主的私有財產時，地主便能對外收取放牧費。為了確保獲得最大的租金收益，地主便會介入限制土地的過度使用，從而改善土地管理，提升經濟效益。

我們可以透過以下例子來解釋產權的明確化能如何有效解決草原荒漠化這一公有地悲劇。

假設有兩家牧民共享一片肥沃的草地，並將草地平均分割，用鐵絲網隔開。每家牧民在自己的草地上放養一千頭羊，只要羊隻健康，便能以每頭三百元的好價錢賣出，而草地也能保持良性循環，持續生長。

如果每家將放牧量增加到三千頭羊，養出來的羊每頭只能賣二百元，並且還需承擔二十萬元的草地損失。

在這樣的情況下，我們可以將每家放養一千頭羊稱為「適度放牧」，而放養三千頭羊則稱為「過度放牧」。這時他們所面臨的就是一種新的賽局理論。

在產權清晰的情況下，適度放牧的牧戶秋後可賣出一千頭羊，總收入為1000 × 300 = 30 萬元。扣除購買小羊的成本 1000 × 50 = 5 萬元，和雇工放牧的工資 1000 × 50 = 5 萬元，淨利潤為二十萬元。

另一方面，過度放牧的牧戶秋後可賣出三千頭羊，總收入為 3000 × 200 = 60 萬元。扣除購買小羊的成本 3000 × 50 = 15 萬元，和雇工放牧的工資 3000 × 50 = 15 萬元，還要再減去二十萬元的草地損失，結果淨利潤只有十萬元。

由此可見，當產權明確時，每個人都需自行承擔行為的後果。因此，即使牧民們仍只考慮自身利益，這場「賽局」的結果最終將會引導兩家牧戶選擇適度放牧。

產權的明確性，正是從根本上解決草原荒漠化問題的關鍵所在。

古詩云：「天蒼蒼，野茫茫，風吹草低見牛羊。」這曾是中國北方草原的真實景象。那時候，人口稀少，人類活動尚未對大地母親造成不可逆轉的破壞。然而，如今中國的人口總數早突破十四億大關。

面對這樣的人口壓力，尤其必須尊重自然規律。翻開任何一本高度開發國家的經濟學導論，你一定會看到對「公地悲劇」的討論：當牧民在公共草地上放牧，由於牧草屬於無主資源，任誰都可以放牧，而且都想充分利用，越多越好，沒人關心牧場的永續狀態，就算有人注意到這個問題，也無力改善。

隨著牲畜數量的增加，牧場負荷過重，首先受害的是畜牧業，其次是土地荒漠化。由於牧場的產權沒有明確界定，人們毫無節制地進行掠奪性放牧，導致公共地的生態遭到破壞，牧草資源也因此難以恢復。

3.有效協調，讓「看不見的手」不再失靈

從傳統經濟學的角度認定，個人只需從自身利益出發，最終整個社會便能達到優化的效果。因此，「主觀為己，客觀為社會」一度成為普遍的觀念。

事實上，這一觀念的來源可以追溯到亞當・史密斯（Adam Smith）的《國富論》。史密斯提出的「看不見的手」理論主張，個人的自利經濟行為最終會促成整體社會的經濟福祉。他寫道：「我們的晚餐並不是來自屠夫、啤酒釀造者或點心師傅的善心，而是源於他們對自身利益的考慮……，『每個人』只關心他自己的安全、他自己的得益。他由一隻看不見的手引導著，去實現他原本沒有想過的另一目標。透過追求自己的利益，結果也實現了社會的利益，這比他一心要提升社會利益還要有效。」

這段話自一七七六年《國富論》（The Wealth of Nations）發表以來，迅速成為人們行為的一種指導準則，甚至被用來為自利行為辯護。「看不見的手」這一概念也被應用

到國際事務中。當各國追求自身利益的同時，對國際社會也能產生貢獻，似乎有一隻無形的手在保證各國的自由選擇，最終將為全人類帶來福祉。

然而，現實並不總是如此理想化。僅僅追求個人利益並不見得都能自動帶來最佳的社會結果，那隻「看不見的手」有時也會失靈。

有一個寓言故事，講的是一個男人擁有一對妻妾。妻子的年紀較大，而妾則年輕。因此，妻子每天都會拔掉丈夫頭上的一些黑髮，以使他看起來與自己的年齡相仿，並讓他在朋友面前的形象顯得更為德高望重。而小妾則每天拔掉丈夫的一些白髮，讓他看起來年輕一些，顯得更有活力。不久之後，這個男人就變成了禿頭。

無論是妻子還是妾，她們為男人拔頭髮的動機都無可非議，但最終卻是三敗俱傷。從這個故事中，我們了解到「看不見的手」原理的一個悖論：**從利己的目的出發，也可能損人不利己，既不利己也不利他**。每個人有可能都會做出從個人角度看來是最好的選擇，但最終卻得到從整體看來最糟的結果。實在有太多人會犯錯，甚至可以說每個人都太容易做錯事。在這樣的背景下，我們可以說所謂「看不見的手」在很多時候其實是失靈的。

那麼，有沒有一種方法能讓「看不見的手」不再失靈，讓眾人走上集體優化之路呢？著名賽局理論經濟學家王則柯在其《人人博弈論》中講了這樣一個例子。

請設想鄉下地方有一個只有兩戶人家的小聚落，由於道路路況不佳，與外界的交通比較困難。如果修一條路出去，每家都能得到3那麼多的好處，但是修路的成本相當於4。

要是沒有人協調，兩家各自打「是否修路」的小算盤，那麼賽局的形勢如下：如果兩家聯合修路，則每家分攤成本2，各得好處3，兩家的「純利」都是1；如果一家修路，另一家坐享其成，修的一家付出4而得到3，「純利」為−1，坐享其成的一家可以平白獲得「純利」3。

若沒有人出面協調，兩家人各自站在私利的角度，修路對於甲來說是劣勢策略，對於乙來說也是劣勢策略。於是，運用嚴格劣勢策略消去法，就可以知道這個賽局理論有唯一的納許均衡，那就是雙方都不修路，雙方都得0。

但是，如果有一個人站出來作為協調方，對雙方講明利害所在，達成一個對大家都有利的協議，是完全有可能的。

由此看來，協調是讓「看不見的手」不再失靈的一個好方法，協調不僅可以讓大家的利益達到最均衡，實現形式上的公平，還可以讓資源從整體上得到最大的利用，實現實質上的公平。

以下是一個廣為流傳的經典故事。

有人送給兩個孩子一顆柳丁，但在分配上，兩個孩子吵來吵去，最終達成了一致共識：由一個孩子負責切柳丁，另一個孩子選擇。結果，他們依照商定的辦法各自取得了半顆柳丁，高高興興地回家去了。

第一個孩子回到家，將半顆柳丁的皮剝掉，扔進垃圾桶，把果肉放進果汁機榨汁喝。另一個孩子回到家，卻把半顆柳丁的果肉挖掉，扔進垃圾桶，留下柳丁皮磨碎，混入麵粉中做蛋糕吃。

雖然兩個孩子各自拿到了半顆柳丁，獲得看似公平的分配，但他們各自得到的東西卻未能物盡其用。這說明了他們事先並未充分做好協調，兩個孩子並未明確知曉各自的利益所在。由於雙方缺乏事先的價值申明，導致兩人僅盲目追求形式上的公平，結果使雙方的利益並未達到最大化，儘管結果看似公平，卻不是最理想的選擇。

試想，如果兩個孩子能充分交流各自所需，或許會有多種解決方案。可能的一種情況是，他們會想辦法將皮和果肉分開，一個人拿果肉去榨汁，另一個人則用果皮做蛋糕。

雙方的協調還可能出現另一種情況，有一個孩子既想做蛋糕，又想喝橙汁時，透過合作創造價值的機會就出現了。那個想要整顆柳丁的孩子提議將其他的問題拿出來一塊兒談，他說：「如果你把這個柳丁全給我，你上次欠我的棒棒糖就不用還了。」其實，他的牙齒被蛀得一塌糊塗，父母上個星期就不讓他吃糖了。

另一個孩子想了一想，很快就答應了。因為他剛剛從父母那兒要了五塊錢，準備買糖還債。但如果把柳丁全給對方，那麼他就可以用這幾塊錢去打遊戲了。

重點整理：

1. 公地悲劇由哈丁於一九六八年提出，指的是公共資源（如水源、空氣和土地）因為共享而導致的資源過度使用和最終耗盡的現象。每個人為了自己的利益行動，結果卻導致整體利益受損。
2. 公地悲劇的核心在於個人追求自身利益的行為與群體利益之間的矛盾，這種矛盾導致資源的枯竭和整體的毀滅。
3. 防止公地悲劇的兩種方法：一是制度上的約束（建立權力機構），二是道德約束（道德規範與獎懲機制），兩者皆能有效管理公共資源。
4. 明確的產權有助於改善公共資源的管理，例如英國的圈地運動就是透過明確產權來限制土地的過度使用，促進資源的可持續利用。

5. 為了讓「看不見的手」不再失靈，需要建立協調機制，以確保個體行為最終能達成整體社會的最優化。協調可以促進資源的有效利用，避免因缺乏合作而產生的次優結果。

6. 在這個社會中，很多的資源被浪費，就在於各方的行動策略是相互獨立的。如果我們學會了有效協調，那麼人與人之間就會增加很多的共贏機會。

7. 用厚黑圖謀一己私利，是極卑劣的行為；而若以厚黑策略追求眾人利益，是至高無上的道德。以厚黑策略追求公共利益的人，即便他們公而忘私，最終往往能達到公私兼顧的成果；用厚黑追求私利的人，儘管可能暫時得逞，但多半只得到些微利益，最終卻可能失去更多。

現實生活中，負和賽局（negative sum game）和零和賽局（zero sum game）已經在人們心中形成思維定式，他們要不認為「我不好，大家也別想好」；要不認為「勝利就是擊敗對手，贏家通吃」。然而這種負和賽局或零和賽局的悲劇在於：由於大家都這樣選擇，結果是沒有贏家。如果每個人都能學會用正和賽局（positive sum game）的思維去解決生活中的問題，那麼這個世界將會多幾分和諧，少幾分爭鬥。

Chapter 08

負和、零和與正和：尋求共贏的賽局之路

1.負和、零和與正和

在賽局理論中，有幾個非常重要的概念：正和賽局、零和賽局和負和賽局。關於這三個概念，我們可以用下面這則寓言來說明。

一天晚上，狐狸在水井邊散步，低頭俯身看到井底水面上的月亮影子，牠以為那是一塊大乳酪，於是跨進一只水桶，降到井底，將與之相連的另一只吊桶升到了井面。下到井底後，牠才發現誤把月亮當成乳酪，但大錯已經鑄成，後悔也來不及了。如果沒有另一個替死鬼下來，把牠從困境中救出，牠就別想活著回到地面。

兩天兩夜過去了，沒有一隻動物光顧水井，時間一分一秒地流逝，銀色的上弦月出現了。沮喪的狐狸正無計可施時，恰好一隻口渴的狼途經此地。此時狐狸有三種選擇，不同的選擇將帶來不同的賽局結果。

第一種情況，狐狸見狼過來，便對狼招呼說：「喂，兄弟，我免費招待你一頓美味餐點如何？」見狼有些動心，狐狸指著那個缺了一半的月亮說：「看見這個了嗎？這可是塊十分好吃的乾酪，我吃了一半，剩下的送給你。如果你不嫌棄，就請委屈一下，鑽到我特意為你準備的桶裡，來到井裡吧！」這隻狼果然中計，於是下到井裡，狐狸因狼的重量升到了井口。這時，狐狸和狼所進行的賽局，便叫做零和賽局。

零和賽局是一種完全對抗且競爭激烈的局面。在零和賽局的結局中，參與者的收益總和為零（或某個常數），一個參與者的所得恰好是另一位參與者的損失。狐狸和狼，一隻在井上面，一隻在井下面，下面的這隻想要上去，就得想辦法讓上面這一隻下來。然而，透過賽局調換位置後，仍然是一隻在井上面，一隻在井下面。

在第二種情況中，狐狸看到狼在井口，心想：「我在井裡受罪，你也別想輕鬆。」牠不是欺騙狼坐在桶裡下來，而是讓狼跳下來，這樣最終的結果將是狼和狐狸都身陷井中，無法自拔。這種兩敗俱傷的非零和賽局，我們稱之為負和賽局。

負和賽局使局中的參與者都得不到好處，彼此都受到損害。可以說，負和賽局是當事人最不明智的選擇。在這種情況下，無論是狐狸還是狼，都無法獲得滿足，反而可能導致雙方都陷入困境在第三種情況中，如果狼明白狐狸掉到了井裡，並動了惻隱之心，牠可以搬來一塊石頭放到上面的桶中，利用石頭的重量把狐狸拉上來。或者，如果狐狸擔心狼沒有這種樂於助人的精神，可以先透過欺騙的方式讓自己到達井口，再用石頭把狼拉上來。這兩種方式的結局都是兩個參與者都回到井口上方，因此雙方進行的就是一種正和賽局。

正和賽局所追求的正是雙方同時共同受益的局面。在這種賽局中，雙方都能獲得收益，而不是僅僅在對方的損失中謀求利益。這是一種理想的合作狀態，可以實現雙贏。

從上述分析中，我們可以看出，負和賽局使局中的參與者都得不到好處，而零和賽局中，雖然有一個贏家，但對於雙方來說也並非最佳選擇。只有正和賽局，追求你贏我也贏，才是賽局雙方最理想的結局，也是每一位明智的賽局參與者應該追求的結果。

在現實生活中，負和賽局和零和賽局已在人們心中形成了固定的思維模式。許多人認為「我不好，別人也別想好」，或是「勝利就是擊敗對手，贏家通吃」。這種思維不僅存在於個人之間，也蔓延到企業競爭、國際關係等各個層面。在人類發展的歷史上，這樣的例子屢見不鮮。然而，這種負和賽局或零和賽局的悲劇在於：由於大家都這樣選擇，結果就是沒有贏家。

如果我們每個人都學會用正和賽局的思維去解決生活中的問題，世界將會多幾分和諧，少幾分爭鬥。比如企業相互合作，若能尋求雙方利益的最大化，而非單方面的利益追求，將有助於形成長期的合作關係。同樣地，在國際事務中，各國若能尋求共贏而非敵對，將更能促進全體的和平與繁榮。

總之，賽局理論不僅是一種抽象的數學工具，更是我們理解和改變現實世界的一種思維方式。透過正和賽局，我們能夠在各種社會互動中找到與人合作的可能性，創造更多的價值。

2. 走出零和賽局的困局

在社會生活的各個層面，你都能發現「零和賽局」。勝利者的光榮背後，往往隱藏著失敗者的辛酸和苦澀。從個人到國家，從政治到經濟，處處都有「零和賽局」的影子。

在一個老四合院裡，住著四、五戶人家。雖然大家住得很近，但由於平時太忙，鄰里之間就如同陌生人一樣，各家都關著門，過著平靜的生活。然而不久前，這種平靜被打破了：有一戶家長為家裡的女兒買了一把小提琴。由於小女孩沒有學過如何拉小提琴，但又喜歡拉，因此拉得難聽極了，更要命的是小女孩總在大家午睡的時候拉琴，弄得整個四合院的人苦不堪言。

一些性格直率的鄰居實在看不下去，便直接找上門理論，結果鬧得不歡而散，小女孩依然我行我素。大家私下裡議論紛紛，商量用什麼方法才能讓小女孩不再拉琴。一位年輕人發狠說，乾脆每家買一個銅鑼，午休的時候一起敲，看誰厲害。

幾家人商議過後，果然這樣做了。結果如願以償，小女孩不再拉小提琴。之後的幾天，小女孩見到鄰居，彷彿見到了仇敵，因為她一直認為是這些人使她不能再拉小提琴。鄰里關係因此變得更加糟糕。

這種典型的一方吃掉另一方的零和賽局其實是可以避免的。以此例來說，雙方有多種選擇。對於小女孩家而言，首先，他們可以讓女兒參與音樂教室學習，而不是任其在家胡亂摸索；其次，在被鄰居反應後，他們大可以調整女兒練習提琴的時間，避開大家休息的時段；當然，他們也可以選擇無視鄰居的意見。

至於鄰居們也有以下選擇：首先，建議這家的家長讓小女孩去音樂教室學習；其次，建議他們讓小女孩在早上或下午練習，避免午休時間拉琴；最後，則是最糟糕的方案——以其人之道還治其人之身。

事實證明，在許多情況下，參與者在人際賽局的過程中，往往會在不知不覺中做出最不理智的選擇。這些選擇通常是出於自私的考量，導致零和賽局或負和賽局的出現，都是非合作性的對抗博弈。

因此，在面對類似的情況時，我們首先要學習保持冷靜，理性分析，找到正確的解決辦法。其次，我們應該敞開心胸，學習互相體諒，這也是避免發生零和賽局的重要原則。許多衝突往往源於人們心胸狹隘。例如，鄰居之間在發生矛盾時，如果一方能夠心胸開闊，另一方也能多一些體諒，就不會出現鄰里關係不和的情況。

真正的厚黑處世是大智若愚，面對事情要靈活，當伸則伸，當屈則屈，剛柔並濟，左右逢源，要容人，給自己減少煩惱，也要使自己最大限度地避免傷害，因為總會有雨過天晴的一天。

3.正和賽局的運用

正和賽局是一種追求雙贏的賽局。正和賽局的思維不僅是經濟上的一種智慧，還可以運用到生活中的各個層面，用來解決許多看似無法調和的矛盾和你死我活的僵局。那些看似零和或負和的問題，如果轉換一下視角，從更廣闊的角度來看，其實是有解決辦法的，而且往往不需要犧牲某一方的利益。

在小溪旁邊有三個花叢，每個花叢中都居住著一群蜜蜂。一天，小夥子看著這些花草，覺得它們沒有多大的用處，於是決定將它們除掉。

當小夥子動手除掉第一叢花草時，裡面的蜜蜂苦苦哀求他說：「善良的主人，看在我們每天為您的農田傳播花粉的情分上，求求您放過我們的家吧！」小夥子看著這些無用的花草，搖了搖頭說：「沒有你們，別的蜜蜂也會傳播花粉。」很快，他就毀掉了第一群蜜蜂的家。

沒過幾天，小夥子又來砍第二叢花草，這時一大群蜜蜂衝出來，對他嗡嗡叫道：「殘暴的地主，你敢毀壞我們的家園，我們絕對不會善罷甘休！」小夥子的臉上被蜜蜂螫了好幾下，他一怒之下，便用火將花叢燒得乾乾淨淨。

當小夥子把目標鎖定在第三叢花草時，蜂窩裡的蜂王飛了出來，柔聲對他說：「睿智的投資者，請您看看這叢花草給您帶來的利益吧！我們的蜂窩每年能生產出許多蜂蜜，還有營養價值極高的蜂王漿，這些都能為您帶來可觀的經濟效益。如果您把這些花草除掉，您將一無所獲，請您三思！」小夥子聽了蜂王的介紹，忍不住吞了口水，於是心甘情願地放下斧頭，與蜂王合作，開始經營蜂蜜的生意。

在這場人與蜂的賽局中，面對小夥子，三群蜜蜂作出了三種選擇：懇求、對抗和合作，只有第三群蜜蜂最終達成了目的。這個例子告訴我們，如果賽局的結果是「零和」或「負和」，那麼對方的得益就意味著自己的損失，或者雙方都受到損害，這樣的結果只能導致兩敗俱傷。

在商業世界中，正和賽局的典範之一是Netflix與迪士尼之間的合作。最初，Netflix是一個線上租片平台，隨著串流媒體的興起，它逐漸轉型為一個內容生產和播放平台。面對這個變化，迪士尼起初對Netflix的增長感到威脅，因為Netflix開始獲取大量觀眾的注意力，而這些觀眾本是迪士尼的潛在客戶。

然而，雙方最終意識到，互利合作可能比對抗更有利。迪士尼決定將自己擁有的內容提供給Netflix，讓其經典電影和系列作品在平台上播放。這樣不僅增加了Netflix平台內容的豐富程度，吸引更多訂閱者，也為迪士尼帶來了穩定的收益流，讓其內容以新的方式觸及更廣泛的觀眾。

這一正和賽局的成功之處在於雙方都獲得了利益，這改變了他們的競爭模式，使整個行業受益。迪士尼最終推出自己的串流平台Disney+，但因為早期的合作經驗，雙方都明白了如何在變化中找到新的機會。

因此，為了生存與發展，我們必須學會與對方相互合作，創造共贏，在生活中實現更多的正和賽局，讓整個社會朝著更健康的方向發展。透過合作，我們不僅能化解矛盾，更能創造更大的價值。

4. 出於策略考量之互利互惠

在發生矛盾和衝突時，如果能從對方的利益出發，並以良好的願望為出發點，便能使賽局呈現互利互惠的「正和」狀態，達到雙贏的效果。

春秋末年，戰爭連連，許多小的諸侯國被大國併吞。國內發生了變革，大權漸漸旁落到卿大夫手裡，向來為中原霸主的晉國也未能倖免，實權由智伯瑤、趙襄子、韓康子和魏桓子四個卿大夫把持，晉王成了傀儡。

四個人之中以智伯瑤的勢力最大，他想獨占整個晉國。於是，智伯瑤對其他三家大夫趙襄子、魏桓子、韓康子說：「晉國本來是中原霸主，後來被吳、越奪去了霸主地位。為了使晉國強大起來，我主張每家都拿出一百里土地和戶口來歸給公家。」三家大夫都知道智伯瑤存心不良，但因三家的心不齊，韓康子和魏桓子不願得罪智伯瑤，於是答應割讓一百里土地給他。趙襄子則不肯答應，堅持說：「土地是祖上留下來的，怎麼能隨便給人呢？」

智伯瑤一聽火冒三丈，立刻命令韓康子、魏桓子與他一起出兵攻打趙襄子，並與兩家約定，滅趙後，趙家的土地由他們三家平分。趙襄子自知寡不敵眾，於是聽從謀臣張孟談的建議，退到晉陽據守。晉陽是趙氏的封地，城池修築得十分牢固。不久，智伯瑤率領的三家軍隊將晉陽城團團圍住。趙襄子吩咐將士們只守不戰，三家兵士多次攻城，都被城上將士用弓箭射退，始終攻不破晉陽城。

智伯瑤十分苦惱。有一天，他繞晉陽城查看地形，看到晉水河，忽然想出一條毒計：截斷晉水上游離城千里處，築堤圍壩蓄水，待雨季一到便放水淹掉晉陽。時值雨季，晉水猛漲，智伯瑤命令士兵掘開堤壩，大水頓時洶湧地直奔晉陽城，淹沒了百姓的房子。

晉陽城危急，於是趕緊造船，準備水上作戰。張孟談祕密來到韓軍大營去見韓康子，勸說他們聯合起來對抗智伯瑤。韓康子一時拿不定主意。智伯瑤邀韓康子、魏桓子一起察看水情，看到晉陽城內外一片汪洋，便得意地說：「看來大水可以滅掉一個國家，無須動一兵一卒。」接著又轉向韓康子和魏桓子說：「你們的汾水和絳水恐怕也保不了安邑和平陽吧？」

韓康子和魏桓子聞言後暗自吃驚，智伯瑤獨霸晉國的野心昭然若揭，如果攻破晉陽城後，看來下一步就是他們的末路。為了避免被吞併的命運，他們決定與張孟談聯盟，共同對付智伯瑤。於是他們掘開堵住晉水的水壩，結果大水向智伯瑤的軍營沖去，智伯瑤被打得措手不及，無力抵抗，急忙帶著幾名親信逃跑，卻被三家人馬逮住殺死了。

上例中，韓、趙、魏三家之所以能走出困境，就在於他們採取了互利互惠的最優策略，而這種互利互惠其實是出於策略的考慮。

在商業界，可口可樂和百事可樂的競爭是非常著名的案例。這兩家公司長期以來互相爭奪市場份額，形成了激烈的零和競爭。隨著市場的成熟和消費者口味的變化，雙方逐漸意識到，單靠競爭已無法滿足消費者日益多樣化的需求。因此，他們開始探索合作的可能性。

例如，在某些地區，這兩家公司曾經共同投資於環保項目，如塑料回收和碳減排。透過聯合行動，雙方不僅減少了生產成本，還提升了品牌形象，滿足了消費者對環境保護的期待。這種互利互惠的策略不僅使兩家公司在市場上保持競爭力，還使他們能夠共同應對日益嚴峻的環保挑戰。

因此，為了短期勝利建立共同利益，為了長遠成功建立良好關係，擁有賽局中的雙贏思維，持有平等、互惠的思想，採取合作的態度，這樣才能使賽局呈現「正和」狀態，並向著健康的方向發展，從而收穫良好的效果。

重點整理：

1. 賽局理論中的三種主要類型為正和賽局、零和賽局和負和賽局。正和賽局追求雙贏，零和賽局則是一方獲利即另一方損失，負和賽局則導致雙方皆受損。
2. 正和賽局是一種雙方合作以達成共贏的賽局形式。在這種賽局中，參與者追求雙方利益的最大化，最終實現雙贏的局面。特徵是參與者之間的利益不再是零和關係，而是可以共同增益，因此強調合作與互惠，實現長期的合作關係。
3. 零和賽局是一種完全對抗性的賽局，參與者的利益相互抵消。這意味著一方的獲益正好等於另一方的損失，總和為零。特徵是參與者之間存在激烈競爭，通常導致一方贏得全部利益，另一方則失去全部。
4. 負和賽局是一種非合作的賽局，參與者都會遭受損失，導致雙方的總收益為負。這種情況下，無論是誰贏了，結果都是對雙方不利。特徵是雙方都無法獲得好處，最終導致雙方都陷入困境。

5. 解決矛盾的有效方式包括保持冷靜，理性分析問題，互相體諒，以及誠心對待他人，以促進和諧關係。

6. 在面對矛盾時，從對方的利益出發，進行互利互惠的策略考量，可以有效避免激烈競爭，促進雙方的共同利益。

7. 李宗吾的厚黑學從一開始就從揭示人性的真相而來，深刻地認識到人自私的本性。賽局理論產生之初並非為揭示人性而來，它原是作為數學的一個分支出現的，但其理性人的假設從根本上承認了人自私的本性。深諳厚黑學你能看清表面合作的偽善者，幫助你在正和賽局中掌控主動，防止被表面仁義之人利用；讓你看透零和賽局中的狡詐伎倆，使你不被表面仁義的競爭者所蒙蔽；幫助你識破負和賽局中厚臉皮者的真實面目，避免自己承擔不必要的損失。

在賽局中，為了作出正確的決策，我們就要學會用機率的眼光看問題。機率這朵由邪惡中誕生的智慧之花教導我們，當一件事情成功的機率達到40～70%的時候，就值得我們去做，也許我們會失敗，但是拖延或等待的代價往往更大。

Chapter 09

機率：生活的真正指南

1.機率論：由邪惡中誕生的智慧之花

某種事件在同一條件下可能發生，也可能不發生，表示發生的可能性大小的量，就是機率。

傳說很久很久以前，有一個國王，他懲罰罪犯時有個古怪的習慣：把罪犯送進競技場，在競技場的一端有兩扇一模一樣的門，門後分別關著一隻兇猛的老虎和一位美女。國王讓犯人自己挑一扇門，如果他選中老虎，那麼後果可想而知；如果選中美女，他不但能立刻獲釋，還能抱得美人歸。

一天，這個國王發現有位英俊瀟灑的臣子與公主相戀，一怒之下，也把這個青年送進競技場，處以傳統的懲罰。事前，公主已經知道哪扇門背後藏的是什麼，這讓她十分苦惱，不知該把愛人送入虎口，還是送到另一個女人的懷抱。

這命運攸關的一天終於如期來臨，在毫無選擇餘地的情況下，站在競技場上的這位臣子望了公主一眼，公主示意他選擇右邊那扇門，他打開門……

故事至此戛然而止，只留給我們一個懸念：他遇到的是美女還是老虎？

如果是你陷入故事中的那個境地，你又該如何選擇？這兩種選擇的結果一目了然，但我們能依據的資訊卻少之又少，且不甚可靠。除了碰運氣，我們還有沒有更好的機會呢？

其實，這個故事反映了一個大家熟悉的概念，那就是「機率」。明天會不會下雨？銅板丟出來會是正面還是反面？買樂透會不會中獎？這些問題都與機率息息相關。

簡單來說，某種事件在相同條件下可能發生，也可能不發生，而衡量其發生可能性的數值就叫做「機率」。

根據巴菲特的說法，機率是「生活的真正指南」。但這個「生活的真正指南」最初卻是從解決賭博問題中發展起來的。

早在十七世紀，法國的兩位著名的數學家，一位叫做巴斯卡爾（Blaise Pascal），一位叫做費馬（Pierre de Fermat）。

巴斯卡爾認識兩個賭徒，這兩個賭徒向他請教一個問題。他們說，兩人下了賭金後，約定誰先贏滿5局，誰就獲得全部賭金。賭了一段時間後，A已贏了4局，B贏了3局，但由於時間已晚，他們不想再繼續賭下去。那麼這筆錢應該怎麼分配呢？

是不是把錢分成7份，贏了4局的就拿4份，贏了3局的就拿3份呢？或者，因為原本規定必須贏滿5局，而現在誰也沒達到，所以應該平均分配呢？

為了解決這兩個賭徒的問題和類似的難題，機率論（Probability theory）應運而生。這朵從賭博中誕生的「邪惡之花」，最終卻成為統計學、遺傳學、量子力學等學科的基礎，並被廣泛應用於科學、技術、經濟和日常生活的各個層面。

在賽局中，為了做出正確的決策，我們必須學會以機率論的角度看待問題。在大多數情況下，沒必要認為某個選擇的成功機率一定是百分之百或零，但應該學會分析某件事「改變的可能性」或「發生的機率」。對於發生機率較低的事件，在行動之前應該做好失敗的心理準備。另一方面，也不應等到事情的成功機率達到百分之百時才行動，因為到了那時，即便成功，也沒有什麼值得驕傲的。進行機率分析時，可以列出「最佳情況」和「最壞打算」，以幫助自己綜合考量。

當然，許多抉擇並沒有這麼完美的「後路」，在這種情況下，既要謹慎評估風險因素，也要在適當時機勇於挑戰自己。前美國國務卿克林・鮑威爾（Colin Luther Powell）曾在談及「領導力」時指出：「當你認為成功的機率達到百分之四十到百分之七十時，就應該著手行動。也許你會失敗，但拖延或等待的代價往往更大。」

2.每個人的運氣都是獨立的

機率論裡有一個非常重要的概念——事件的獨立性。

每當大樂透連續幾期頭獎槓龜、累積億元彩金時，總會引發購買熱潮。很多人誤以為，因為前人沒中獎，自己中獎的機會就增加了。然而，事實上每個人的「運氣」是獨立於他人的，前面幾期的開獎結果並不會影響後來的結果。這就像拋硬幣一樣，假設前面十個人拋出的硬幣都是反面，輪到你時，拋出正面的機率並不會因此變大。無論前面發生了什麼，每次拋硬幣的結果都由硬幣的質地和拋硬幣者的手勁等物理因素決定，而不是由前面的結果所影響。

同樣的情況也發生在賭場中。比如在澳大利亞的一些賭場，老虎機旁邊常會放著一輛跑車作為大獎，並顯示有多少人已經投入了多少次錢幣，但尚未有人中獎。這樣的設置會讓人誤以為「再試幾次，我就可能中大獎」，然而，老虎機的中獎機率並不會隨著投幣次數增加而改變。每次拉動老虎機拉桿的結果，都是一個獨立的事件，與前一次或其他人的結果毫無關聯。就像你明天帶不帶雨傘和美國總統早餐吃不吃雞蛋之間毫無關係一樣，這些事件彼此獨立，互不影響。

這樣的錯誤認知常被稱為**「賭徒謬誤」——人們誤以為過去的結果會影響未來的機率**。例如，在骰子遊戲中，連續五次擲出較大的數字後，人們可能會認為接下來擲出小數字的機會更大，但事實上，每次擲骰子的結果都是獨立的，過去的結果對未來的結果毫無影響。

類似的情況也發生在人們的生活中，特別是在生男生女的機率上。

在實施「一胎化政策」的中國大陸，有個小女孩名叫招娣，她的父母有嚴重的重男輕女觀念，一心想要一個兒子。雖然他們已經生了五個女兒，但他們依然寄望下一胎是兒子。

父：「我希望我們下一個孩子不是女孩。」

母：「孩子他爹你放心吧，在連著生了五個女兒之後，下一個肯定該是兒子了。」

但事實上，生男生女的性別決定是由遺傳基因和機率決定的，與之前生了多少女兒或兒子沒有任何關聯。每一次懷孕的性別結果都是獨立的，上一胎生了女兒，並不代表下一胎生兒子的機率會增加。這是最基本的常識。

這種錯誤的認知反映了人們對機率的錯誤理解，也是人類情感上的急切和渴望在作祟。人們往往在面對重要決定時，無法接受一個結果完全不受過去經驗影響，因為這意味著他們對未來的掌控力有限。因此，當人們無法預測或控制某個結果時，會傾向於用先前的經驗或情境來推測未來的結果，儘管這些過去的經驗可能毫無相關性。

每一個人的運氣都是獨立的，並且每一個人的成功或失敗，都受到各種不同因素的影響。當我們在社會中追求個人成功時，往往會受到外界環境、資源、時機、以及自身努力的多重作用。那些賺取大筆金錢的人，如果他們是依靠自己的眼光、智慧和長期積累所獲得的，那麼這樣的成功往往能夠長久持續。但如果他們的成功是依賴人脈關係或投機取巧而來，那麼他們的事業可能在未來的某個時刻遭遇更慘痛的失敗。

因此，我們應該認識到，每個人的機會和命運都是獨立的。無論是生活中的運氣還是職業上的成功，都無法完全依賴他人或過去的結果來預測。真正的成功來自於對現實的清晰認識，以及對自己能力和機遇的充分把握。當我們明白這一點時，我們才能以更健康的心態面對未來的挑戰和機會，並且避免陷入那些因對機率誤解而產生的錯誤預期。

3. 增大你成功的機率

增大你成功的機率，是每個人都渴望的目標。無論是在職場還是生活中，很多人都希望能透過努力提升自己的成功機會。但成功從來不是僅靠運氣，更多時候是經由科學的策略和方法來實現的。要增大成功的機率，關鍵在於給自己創造更多的機會，嘗試不同的途徑，並且時刻做好面對失敗的準備。

李開復博士早年曾在蘋果電腦公司任職。有一次，他與公司CEO史考利（John Sculley）受邀參加當時美國最紅的晨間電視節目「早安美國」，展示蘋果公司新發明的語音辨識系統。

在那個年代，這種技術十分前衛，但也存在著技術不穩定的風險。演示前一天，史考利問李開復：「開復，你對演示成功的把握有多大？」由於該系統剛剛架設完成，李開復的心中也沒有十足的把握，因此他謹慎地回答：「大概百分之九十吧。」

史考利聽後，並不滿意，他繼續問道：「你能把成功機率提高到百分之九十九嗎？」

李開復思索片刻，毫不猶豫地回答：「行！」然而，李開復心裡明白，技術的穩定性很難在短時間內做出大幅提升。於是，他當晚並沒有進行大幅修改，而是運用了機率思維。次日，他帶了兩台電腦前往錄影現場，有兩台電腦各自獨立運行，且相互備份的情況下，若其中一台出現故障，他可以立即切換至另一台，確保演示不會中斷。這樣一來，即便一台電腦的失敗機率是百分之十，兩台同時失敗的機率卻只有百分之一，成功率因此提升到了百分之九十九。

後來節目順利進行，甚至連蘋果的股票也因此上漲了兩美元。節目結束後，史考利向李開復表示感謝，並讚嘆他在最後一刻做出的「技術優化」。李開復則笑著坦白：「其實，今天的系統與昨日沒有任何差別。我只是多帶了一台電腦。根據機率理論，一台電腦的失敗機率是百分之十，但兩台獨立電腦同時出問題的機率則是百分之一，所以成功率提高到百分之九十九了！」

這個故事正說明了如何透過機率理論來提高成功的機會。很多時候，我們雖然無法完全掌控某件事情的成敗，但我們可以藉由科學的具體準備，來大幅降低失敗的風險。李開復並沒有依靠單純的運氣或僥倖，而是以備份的方案提高了整體成功率，這是提升成功機率的有效策略之一。

那麼，我們在日常生活中，如何提升自己的成功機會呢？

首先，關鍵在於為自己創造更多機會。無論是學習新技能、尋找新工作機會，還是拓展人際關係，當我們越是能主動去嘗試時，成功的機率自然會提升。成功並不是一蹴可幾的，往往需要經過多次的嘗試和失敗的淬鍊。當你嘗試得越多，從中汲取的經驗也越豐富，這些經驗能幫助你在未來的機會中做出更好的選擇。

其次，必須要懂得降低風險。就像李開復準備了兩台電腦一樣，在面對重要決策時，我們應該做好萬全的備援方案，以防止無法準期的意外產生。例如，當你準備創業時，除了研發產品，也應當考慮市場反應、資金預備以及競爭對手的動向，這樣當市場發生變動時，你才能迅速調整策略，降低風險，增加成功的機會。

此外，不要害怕嘗試新方法。有時我們的思維很容易陷入僵化，認定一條路走不通就意味著失敗。但事實上，嘗試不同的路徑仍可能通往同一個目標。若你在某個計畫上遭遇瓶頸，何妨從不同角度重新思考問題，或採用新的方式因應，也許會有意想不到的收穫。這樣一來，即便原來的方式不成功，你依然有其他備援方案能夠彌補，讓你的成功率提高。

最後，要養成科學決策的習慣。機率理論是一種強大的工具，它能幫助我們在面對不確定因素時做出理性的判斷。無論是在投資、職業選擇還是生活中的其他重大決策，學會計算風險與收益，並利用數據來支持你的決定，能夠大大提升成功的機率。對於那些我們無法完全控制的事情，像是市場行情或自然災害，雖然沒人能準確預期其具體結果，但我們能根據過往的經驗和數據做出合理推測，並適當調整我們的策略。

總結來說，想提升成功機率不僅僅是依賴機會或運氣，而是透過多次嘗試、風險管理、靈活應變和理性決策來達成目標。當我們把這些策略運用在日常生活和工作中時，我們就能逐漸提高自己成功的機會，並在最終達成我們的目標。

4.不要輸在小機率事件上

想成功就必須盡量減少不確定因素的發生，這點對應到股票買賣操作上，就是需具備風險意識，並且考慮變化所存在的多種可能性。

二〇〇四年十月五日上午，上海浦東金茂大廈進行了一場國際跳傘表演。澳洲跳傘選手辛普森（Roland Simpson）從金茂大廈三百四十五公尺高的起跳點一躍而下。然而，意外卻發生了——降落傘未能在第一時間順利打開。結果，辛普森並未降落在預定的草坪上，而是被風吹到了裙樓的平台上，導致嚴重摔傷，最終在十月二十二日於澳洲不幸逝世。作為一名世界級的跳傘選手，辛普森擁有二千次高空跳傘和一千四百次低空跳傘的豐富經驗。然而，意外還是在他的第一千四百零一次低空跳傘中發生了。

辛普森的意外源於「兩個偶然的因素」：降落傘的故障以及風力和風向的變化。這些偶然因素對於跳傘運動員來說，可是攸關性命的大事，但這些因素是否真的完全無法預料難以控制？事實上，有些風險在一定程度上其實是可以預見的，而這些因素的影響也能透過事前的預防與準備來降低風險。比如，在跳傘前進行更精密的風向與風力變化評估。然而，辛普森或許是過於自信而低估了這些風險。儘管他有一千四百次的成功經驗，卻在這一次意外中付出了寶貴的生命。儘管意外發生的機率僅為0.0007，但正是這樣典型的例子在意外近乎於0的機率下，最終斷送了辛普森的性命。

其實，股市的投資操作也存在著這樣機率近乎於0的小機率事件。機率是股市投資中的一個基本特性，股票投資也可視為是一場機率遊戲。股市的風險並不僅僅來自於市場的波動，更來自於那些看似細微但實際上卻可能造成巨大影響的變數。因此，股票操作必須具備「機率意識」，也就是得考慮到任何事都有發生的可能性，應盡量減少風險。不能因為事件看似不容易發生，就忽視它們的潛在威脅。一旦忽視，可能就會在這些狀況發生時遭受重大的損失。

簡單來說，股市的「機率性」本質上就是股市的「不確定性」。這種不確定性體現在兩個層面：外部環境和內部市場的變化。

首先，外部環境的不確定性包括了國家的經濟政策、市場監管措施、商品市場的變動，以及上市公司經營管理的狀況等。這些外部因素都有可能隨時改變，且投資者對下一步國家將推行什麼政策或公司未來的經營狀況難以預測，這一切都增加了投資的難度。

其次，股市內部的不確定性則來自於市場參與者本身。股市由眾多投資者構成，每個人的性格、情緒和行為模式都不同，這些不確定因素會影響每個人的操作行為，進而影響市場走勢。由於無法掌握每個投資者的行為和決策，股市的走向自然充滿變數，這種不確定性是不可避免的。

面對這些不確定性，我們所應作到的就是盡可能降低其影響，體現在買賣操作上就是要有風險意識。投資者必需考量到市場的各種變化，認知每種情況都有其發生機率，計算這些機率能幫助我們做出更明智的抉擇。然而，當某些情況的發生機率無法準確計算時，操作便會變得更加困難。

因此，如果某位股市評論者以絕對自信的語氣預測某支股票未來必然會上漲到某個價位，他要麼是自以為無所不知，要麼就是不負責任。同樣地，投資者如果過分相信自己所買入的股票未來一定會上漲，那麼他也可能是在欺騙自己，甚至試圖誤導他人。

從股票市場投資的實際經驗我們得知，大多數人最終都是因為忽略了小機率事件而蒙受重大損失。當某人越是確信某支股票必會上漲，然而當實際走勢卻是與預測完全相反時，越容易感到措手不及，導致缺乏應對的反應能力，最終無法及時脫身。即使你擁有豐富的資訊管道，掌握正確的分析方法，並利用強大的電腦來幫助你運算處理這些資訊，也無法保證你能完全掌握市場的未來走勢。因為，即使你贏的機率高達百分之九十，那剩下的百分之十風險仍可能在某一刻發生。

事實上，許多人往往就是輸在這百分之十的意外上。這提醒我們，任何操作都沒有絕對的把握，我們追求的僅是「機率上較高的勝算」。真正的投資高手應時刻提醒自己：每一次的買進都有可能是錯的，都有可能面臨重大損失。透過這種不斷提醒自己風險的「心理暗示訓練」，可以有效提升風險控制能力，避免輸在那些看似不太可能發生的小機率事件上。

重點整理：

1. 機率是衡量某事件在相同的條件下所可能發生的數值，這反映了事件發生的可能性大小。
2. 機率論最初源於解決賭博問題，並隨著時間發展成為統計學、遺傳學和量子力學等科學的基礎。
3. 每個事件的發生機率結果都是獨立的，過往的結果不會影響後續的機會，如同拋硬幣的結果不受前次結果影響，這種誤解稱為「賭徒謬誤」。
4. 成功並非僅依靠運氣，應透過創造機會、降低風險和靈活應變來提高成功的機率。
5. 即便是小機率事件也可能造成嚴重後果，如股票市場中的微小變化可能導致重大損失，因此需要有風險意識。

6. 面對市場的不確定性，投資者應考慮各種可能的變化，計算每種情況的發生機率，以做出更明智的決策。

7. 大家常說：「鑑往知來。」然而，更務實的理解是承認：過去的經驗能帶來啟示，但未來仍充滿未知。我們總是準備應對已知的風險，以為已經萬無一失。然而，黑天鵝事件之所以成為黑天鵝，正因為它代表那些無法預測、難以準備的意外，而這才是真正的風險所在。

膽小鬼賽局（The game of chicken）的微妙之處在於：它似乎證明了在某種情況下，越不理性，你越可能得到理想的結果。如果一個賽局者在他的對手看來是「不合理的」、「近乎失控的瘋狂」、「玩命似的」、「豁出去的了」，或者說是「視死如歸」的、「大無畏的」，那麼在膽小鬼賽局中便處於有利的地位。

Chapter 10

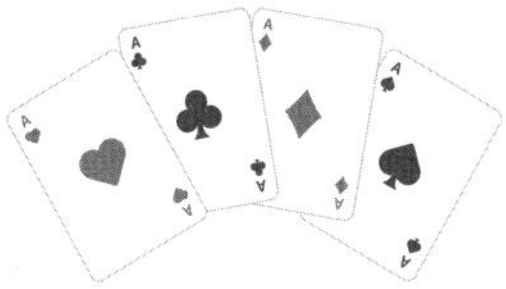

膽小鬼賽局：兩軍相遇勇者勝

1.從《天下無賊》看膽小鬼賽局

在紅極一時的電影《天下無賊》中，有這樣一個片段：劉德華飾演的男賊與葛優飾演的賊頭目都試圖向對方展示自己無比的勇氣。他們約定爬上火車，在火車進入隧道前，誰先趴下誰就算輸。但如果無法及時閃避，便是粉身碎骨。

雖然《天下無賊》的編劇和導演未必刻意宣揚賽局理論，但這個情節正好契合了賽局理論中的一個經典賽局模型——膽小鬼賽局。

膽小鬼賽局的核心在於，誰先讓步，誰就輸；但如果沒有人讓步，雙方將同歸於盡。

這個賽局與囚徒困境有些相似，主要區別在於它們的收益。在囚徒困境中，單方面合作對個人而言是最壞的結果；但在膽小鬼賽局中，雙方僵持不下的結果，無論是對個人還是整體，都是最糟的。

假設劇中的劉德華和葛優是兩個「理性人」，他們的收益可以這樣分析：最大的收益是自己勇往直前，逼迫對手讓路；但如果對手堅持不讓，自己也只能讓步，因為丟臉總比丟命好。因此，他們有以下幾種選擇：

如果劉德華認為對方會勇往直前，那麼他就會選擇退讓；但如果他判斷對方會退讓，他就會選擇勇往直前。葛優的思維方式也是如此。

膽小鬼賽局說明了「兩軍相遇，勇者勝」的道理。但除此之外，它還揭示了更多的內涵。如果兩軍都是勇者，結果將對雙方造成毀滅性的災難，兩者都會在這個賽局中獲得最差的報酬。如果雙方都是膽小鬼，雙方都將無所收穫，但能避免嚴重損失。如果一方是勇士，另一方是膽小鬼，那麼前者將獲得最高的報酬，而後者雖然未遭受重大損失，卻會因此被嘲笑為「懦夫」。

如果一個賽局者在他的對手眼中看起來是「不合理的」、「近乎失控的瘋狂」、「玩命似的」、「豁出去了的」，或者被視為「視死如歸」的、「大無畏」的，那麼在膽小鬼賽局中，他就處於有利的地位。

膽小鬼賽局的原型是假設兩個爭強好勝的人，各自駕車加速對撞，先掉頭的人就算輸。此時，其中一個「高明」的賽局者可能醉醺醺地爬進汽車，把酒瓶扔出窗外，讓對手看到他醉成什麼樣子；接著他戴上墨鏡，讓對手明白他什麼也看不清；當汽車一開到高速，他甚至拆下方向盤，把它扔出窗外。若對手看出他瘋狂至此，心生畏懼，他就贏定了；但若對手沒看到，他就會有麻煩；萬一對手也這麼瘋狂，那就有好戲可看了。

這告訴我們，在膽小鬼賽局中獲勝的關鍵是讓對手相信你絕對不會退卻。你越是強硬，對方就越有可能讓路；但如果你知道對手絕對會硬幹到底，那麼最好的策略就是當個膽小鬼；撞車的結局是誰也不願意看到的。因此，在最後關頭轉彎是雙方的最佳策略。

但問題是，「最後關頭」該如何拿捏？在飛馳的車上，生死存亡就在一念之間。也許，這一秒鐘你還在指望對方妥協，下一秒鐘你們就同歸於盡了。因此，這個「最後關頭」策略並不是一個「絕對正確」的選擇。

2.「絕聖棄智」，狂人有時更占優勢

膽小鬼賽局的微妙之處在於，它似乎證明在某些情況下，越不理性就越可能得到理想的結果。譬如，在日常生活中，對於胡攪蠻纏的人，人們常常退避三舍，所謂「小鬼難纏」。因此，發瘋有時反而是一種優勢。市井流氓不自覺地利用了「狂人的優勢」：他們到處尋釁滋事，動不動就拿刀砍人，甚至不介意自己被劃一刀，一副天不怕、地不怕，更不怕死的樣子。對於這樣的亡命之徒，人們總是敬而遠之，要錢給錢，要面子給面子。在國際政治舞臺上，類似的狂人也不在少數，例如，希特勒（Adolf Hitler）在許多西歐領導人的眼裡就是政治瘋子、戰爭狂人，這讓希特勒在國際政治博弈中占盡便宜。

在監獄裡，狂人也常常更占優勢。美國某監獄記錄的一個犯人說的話，正好可以說明這種現象。

查理斯是監獄裡的暴徒，他就像個瘋子，總是看誰不順眼就打誰，連法警也不例外。當大家聚集在一起看電視時，要看什麼節目，都是他說了算。選台時，他隨便說一句：「喂，看電視劇如何？」電視就轉到他想看的頻道。他可以支配另外三十名犯人的節目選擇。

有一次，我親眼目睹了他這樣做。大家投票表決要看足球賽，正精彩的時候，查理斯卻轉台了，但沒有人站出來抗議他的行為。

第二天，我向幾個人問起這件事，有一個人說：「噢，查理斯總是為所欲為，我可不想去惹他！」也有人說：「我才不管發生什麼事，看電視劇還是看足球，有什麼關係呢？」但我知道，投票時這個人是贊成看足球的。

由此可見，「絕聖棄智」可以提高威脅的可信度。為了說明放棄理智的好處，我們舉一個小村落與盜匪對抗的例子。

假設有一群盜匪，他們要選擇行搶的村落，目前有兩個選擇：A村的居民都很理性，他們只有在不必付出太大代價時才會去緝捕盜匪，而B村的居民則會不顧一切、不計代價地捉拿盜匪。權衡之下，盜匪不敢選擇B村，而是選擇較理性的A村下手。

「絕聖棄智」的策略在商場上同樣有效。商人往往會試圖藉由打官司來報復，但聘請律師需要花費一大筆錢，因此，即使有人違法損及你的權益，忘了它往往比實際採取法律行動要來得省事。不過，如果人人都認為你會為了賭一口氣而上法庭討回公道，那麼他們往往會選擇收斂，避免讓你找到反擊的藉口。最佳的法律復仇策略是讓人相信，無論是誰侵犯了你的合法權益，你絕對會拚了命地告到底。做生意的目的就是賺錢。若有公司為了其他目的而放棄賺錢的機會，經濟學家會認為這樣的行為並不理性。但有趣的是，這樣不理性的人反而可能比一心只想賺錢的人賺得更多。

雖然「絕聖棄智」是一種有效的策略，但並不能保證每次都成功。如果對方無視於你的威脅，反而可能使你陷入困境：要麼兩敗俱傷，要麼現出「膽小鬼」的原形，讓自己丟臉。

美國總統尼克森（Richard Nixon）曾試圖使用「狂人策略」來打贏越南戰爭。美方透過各種管道向越共政權透露：尼克森已經惱羞成怒，成為不顧一切後果的「狂人」，為了結束戰爭，不惜使用原子彈。尼克森希望藉此逼迫胡志明在「兩天之內開啟和平談判」。然而，事實證明這一策略完全失敗。

最糟糕的是，當雙方都採取了這種「絕聖棄智」的策略時——這種情況很可能會出現，因為當「狂人」似乎能占到便宜時，對方也會隨之跟進。因此，他們都發現對方醉醺醺地坐在車裡，並都把方向盤拆下丟出車外。這時，這對裝傻充愣的對手明白，一旦遊戲正式展開，後果會是什麼。於是，他們只能選擇：要麼丟臉地取消較量，要麼為了面子而兩敗俱傷，玉石俱焚。

雖然這種局面仍然是「膽小鬼」遊戲：誰都希望能迫使對方宣布退出，這樣自己既保住了面子，又取得了勝利。然而，與原來的遊戲不同的是：現在他們都無法經由增加風險來逼迫對方認輸，也無法透過判斷對方的行動來決定自己的選擇。因為「第一分鐘」也就是「最後一分鐘」，一旦作出選擇，就沒有更改的機會。他們的選擇只能是：要麼丟臉，要麼丟命。到了這個地步，這兩個「勇敢」的莽夫一定會後悔自己做了個「橫豎都是錯」的決定。

3.談判中的「膽小鬼策略」和「讓步之道」

古代英格蘭的律法規定，答應海盜勒索的公民必須受到嚴懲。如果沿岸的居民只是告訴海盜說，他們絕對不會給錢，海盜可能不會採信他們的說詞。但這條法律卻徹底斬斷了居民付贖金換取平安的後路，使他們的話變得非常可信；這是個悖論，也是個典型的「膽小鬼」談判策略。

這個策略的第一要義是放棄自己的主動權，讓自己陷入被動，以提高談判的優勢。

假設你是一位談判代表，而你能證明自己無權作出讓步，或許談判就能順利成交。比如產品對買方的價值為三千萬元，而產品對賣方的價值為二千萬元。賣方只要能讓買方相信，他沒辦法用低於二萬九千元的價格出售該產品，他就可以得到好處。當然，買方也可能懷疑賣方是在為了提高自身的談判優勢而說謊。

把主動權交給與自己立場不同的代理人，往往可以提高本身的談判優勢。假設在上述的賽局中，買方請了一位專業的談判代表。他的專長在於達成理想的交易或選擇退出談判。對於買方來說，花二萬九千萬元比買不到產品還要划算，但談判代表寧可讓談判破裂，也不願意因為接受糟糕的交易而損害自己的名聲。

假如賣方對這位談判代表的名聲有所耳聞，那麼可能的成交價格範圍應該就會變得對買方有利。

告訴別人你已經交出了主動權，是一種常見且有效的談判手法。當律師想要結束訴訟時，往往會宣稱他們的委託人只授權他們到某個程度。如果對方相信他們的許可權僅限於此，那麼當律師保證絕對不可能接受更好的條件時，對方就會做出妥協。

當然，談判本質上都是非零和的，不管最後達成什麼結果，協議的達成總比談判破局要好得多。因此，膽小鬼談判策略也包括適時的讓步。除了上述提到的將主動權交給對方，自己不輕易表態之外，該讓步時就要讓步。有時後退一步，便能海闊天空。金庸的小說《天龍八部》中有個珍瓏棋局，講的就是後退一步反而制勝的道理。珍瓏棋局多年來無人破解，結果傻和尚虛竹自殺式地後退了一步，卻沒想到正是這一步看似愚蠢的棋步，讓他贏得了整個棋局的勝利。因此，在談判中，懂得適時讓步雖然看似膽小懦弱，其實卻是明智的策略。

二〇〇五年諾貝爾經濟學獎得主謝林（Thomas Schelling）曾討論過兩國軍事對抗的例子：若一國先動員軍隊進入戰備，而另一國不動員戰備，則先動員的一方得益為a，不動員的國家得益為c；若兩國都動員軍隊，雙方劍拔弩張，則兩國得益都為0；若兩國都休戰，則雙方各得b。這裡，a＞b＞c＞0。顯然，如寫成「2×2」矩陣，這裡有三個納許均衡：﹝c，a﹞、﹝a，c﹞與混合策略均衡，而在混合策略均衡中動員軍備的均衡機率為P。謝林敏銳地指出，「c」是對方在我方先發制人時的得益，但這裡，為了讓先發制人方降低動武的機率P，也需要提高對方的得益「c」。而「提高c」就是先發制人一方對對方的讓步！

在談判過程中，對方強烈要求讓步的地方，正是對方對談判利益的需求所在。在這個時候，如果能作出適當的讓步，就有機會換取對方在其他方面的更大讓步（記住：讓步的同時也要要求對方在其他方面作出讓步）。因此，當對方表現出火冒三丈或咄咄逼人的時候，正是對方利益需求充分暴露的時刻。舉例來說，當一位員工對薪資福利有很大的意見時，對公司而言，這不僅是一場危機，更是一個機會，因為管理者可以經由對薪資福利的讓步來換取員工更大的生產率。真正可怕的是對方既沒有意見，也沒有行動。

雖然許多談判者明白這個道理，但在實際談判中，往往無法提出足夠多的談判條件。這主要是因為他們對自身應爭取的利益還未能全面掌握。因此，他們常常死守一兩個談判條件，因為缺乏靈活性而導致談判陷入僵局，或者被迫作出過多讓步，最終難以挽回。因此，談判前對雙方需求的評估以及讓步時機的掌握，都是不可忽視的關鍵準備工作。

要在談判中實現有效讓步，必須充分發掘己方在這次談判中所需的利益點。靈活讓步不僅能促進談判成功，還能實現雙方利益的最大化。

重點整理：

1. 以《天下無賊》為例，膽小鬼賽局的核心在於誰先讓步誰就輸，而雙方僵持則會導致雙方毀滅性損失。膽小鬼賽局與囚徒困境相似，但在僵持情況下，前者對個人和整體的結果都是最糟的。
2. 非理性行為（如「狂人策略」）有時可帶來優勢，讓對手因恐懼而妥協，在日常生活和國際政治中均可見。
3. 放棄理智（「絕聖棄智」）可以提高威脅的可信度，對手會更害怕無法承受的反擊。
4. 在談判中，將主動權交給對手可提升成功機會，讓對手相信談判者無權讓步。
5. 了解雙方需求並靈活讓步是談判成功的關鍵，有助於實現雙方利益的最大化。

拍賣陷阱之於人們的啟示在於：如果你已付出高昂的代價，卻仍看不到勝利的曙光，此時的你應該選擇儘早脫身，而非堅持到最底，因為即便你堅持到最後一分鐘，獲得了勝利，那也只是一種「皮洛士式」（Pyrrhic Victories）的得不償失之慘勝。

Chapter 11

拍賣陷阱：關於成本與收益的決策

1. 拒絕得不償失的勝利

皮洛士（Pyrrhus）是古希臘伊庇魯斯的國王。他幼年流落國外，後來在伊利里亞一個部落首領的扶持下，於西元前三〇七年奪回王位。

西元前三〇三年，當他出國期間，國內發生政變，他的政權被推翻。隨後他遠赴埃及，在其岳父埃及國王的幫助下，於西元前二九七年重返故國並復位。之後他實行向外擴張的外交政策，一度率兵介入馬其頓內戰，獲得馬其頓一半的領土及色薩利，並且一度被擁立為馬其頓國王。但是在西元前二八三年，又被馬其頓人逐出，退回本土。

西元前二八〇年，皮洛士應他林敦之邀，遠赴義大利南部，共同迎戰羅馬共和國。他親率約二萬五千名士兵和二十頭戰象出征義大利，在赫拉克里亞及阿斯庫路姆兩次戰役中打敗羅馬軍隊，雖然羅馬傷亡較多，但羅馬大軍因地利之便，在吃了敗仗後能迅速得到補給，恢復元氣，反觀皮洛士遠道長征，軍隊早已疲累不堪，而且又喪失了重要戰將，真可謂損失慘重。

站在屍橫遍野的戰場上，皮洛士感嘆道：「這樣的勝利要是再來一次，我自己就完蛋了。」

後來，人們將這種「代價高昂、得不償失的勝利」稱之為「皮洛士的勝利」。從這個故事中，我們可以理解，在現實的賽局中，有些代價是任何人都無法承擔的。賽局理論中有一個專門的理論能解釋這種困境，稱為「拍賣陷阱」。

一九七一年，美國精通賽局理論的經濟學家、耶魯大學教授馬丁・舒比克（Martin Shubik）在一篇論文中討論了著名的「拍賣美元（Dollar auction）」非零和賽局。在這篇論文中，舒比克形容這個遊戲「極其簡單，卻充滿娛樂性與啟發性」。他指出，若在交易中對成本沒有清晰的認識，可能會遭受重大損失。

在拍賣會上的一場遊戲中，一群參與者共同參與競拍一張1美元的紙鈔，出價最高者可以得到這張1美元鈔票。為了方便計算，現場設定以10美分起拍，而每次加價也以10美分為單位。

其基本規則與其他拍賣如出一轍，但有一點不同：除了競標成功者按價付費之外，每一位參與競價者也得掏出相當於出價數目的費用。舉例來說，如果你和另一個人一起競價，你出價90美分贏得了這1美元鈔票，你必須得掏出90美分（等於淨賺10美分）；而若對方只出到80美分就不再加價，他仍必須支付80美分的代價，儘管他什麼也沒得到。

這個遊戲的陷阱在於：一開始你參加競價是為了獲得利潤，可是到後來卻變成了避免損失。

假定目前的最高叫價是60美分，你叫價50美分，排在第二位，若這時拍賣結束，出價最高者鐵定能賺進40美分，但你卻是必得損失這50美分。如果你追加競價，叫出了60美分，你就可以和他調換位置。問題是對方也懂得這個道理，也會繼續加價希望能壓倒你，所以你們的競爭會一直持續下去……哪怕領先的叫價達到3.60美元，而你的叫價3.50美元排在第二位，這一規則仍然適用。如果你不肯追加10美分，「勝者」就會虧掉2.60美元，而你則要虧掉3.50美元。

「拍賣陷阱」帶給人們的啟示是：當你已經付出了高昂的代價，但是還是看不到勝利的曙光時，當下該果斷脫身，而不是堅持到最後一分鐘，因為即使堅持到最後取得了勝利，那也可能只是一場「皮洛士式的勝利」，代價遠遠超過收益，得不償失。

2. 擺脫沉沒成本的羈絆

在拍賣陷阱中，若在你出價90美分，而對手出價1.1美元時，你打算放棄繼續遊戲，此時，你雖然沒有在此次遊戲中取勝，但你依然必須付出90美分，這90美分的成本稱之為「沉沒成本」（Sunk Cost）。為了更進一步理解沉沒成本的概念，我們來看下面的例子。

媽媽花一千五百元給CoCo買了一架電子琴，要讓CoCo學音樂，可是CoCo生性好動，對音樂興趣缺缺，電子琴很快被他丟在一旁。不久，CoCo的媽媽聽說有一位音樂學院畢業的老師願意當CoCo的家教。於是，媽媽不假思索把家教老師請來了，媽媽的理由很簡單：因為電子琴都買了，當然要好好學，值得請一個老師好好教，不然這架琴就浪費了！於是，媽媽付出每個月六百元的家教費又堅持了半年，但是最終還是以放棄收場。為了不浪費一千五百元的電子琴，CoCo媽媽繼續浪費了三千六百元的家教費。

在賽局理論中，我們將那些已經發生且無法收回的支出，如時間、金錢、精力，稱之為「沉沒成本」。意即，在你正式完成交易之前所投入的成本，一旦交易失敗，這些成本就會白白流失。如果過度執著於沉沒成本，可能會導致持續犯錯，最終造成更大的虧損。

沉沒成本對一個人的決策影響極其深遠，甚至令人深陷其中，難以自拔。常見的情況是，他們在某個計畫中途發現該計畫並不划算，或是成本遠高於預期，又或者其實有更好的選擇。然而，由於先前已投入了大量資源，決策者往往會選擇硬著頭皮繼續下去，但這樣做通常會帶來更大的損失。

那麼，我們該如何擺脫沉沒成本的束縛呢？首先，在開始任何一項決策之前，應謹慎評估，確保掌握充分的資訊，並對可能的收益與損失進行全面性的評估；其次，一旦形成沉沒成本，就應勇於面對現實，適時止損，避免進一步擴大損失。

很多時候，我們的處境就像伊索寓言中的那隻狐狸，費盡心力，想盡各種辦法，卻始終無法吃到掛在高處的那串葡萄。事實擺在眼前，即使坐在葡萄架下哭上一天或憤怒不已，也於事無補。故事的最後，狐狸說：「這串葡萄一定是酸的，讓貪吃的麻雀去享用吧！」這話說的雖酸，卻是他自我安慰、調節心理平衡的一種策略。這種透過調整期望，轉而接受「雖酸但有別樣風味」的現實，儘管帶有「據於儒、依於道而逃於禪」的意味，卻不至於傷害自尊和自信。

因此，所謂的「酸葡萄心理」不失為一種幫助我們擺脫沉沒成本困擾、接受現實的有效方式，還能減輕心理壓力，緩和內心的緊張感，避免因衝動而導致更大的損失或浪費。從這個角度看，它不僅是一種調節情緒的方法，更是一種平衡人生的聰明策略。人生最大的智慧就在於：有勇氣改變可以改變的事，有度量接受無法改變的事，並具備辨別兩者差異的智慧。

3.及時停損出局

對於所謂的拍賣陷阱，投資者應該有更多的領悟。因為股票市場處處充滿陷阱，「住套房」是大部分投資人的共同經歷，而其原因就在於最初的「不甘心」。如果在股票出現虧損後能夠及時停損，就可以將損失降到最低。然而，越是猶豫不決，曠日持久，就越可能陷入拍賣陷阱，進而不願做出斷然的決定，導致難以自拔。

老李投資股市已有十幾年了，但多年來，他一直處於虧損狀態。最大的原因，就是他總是追高殺低，缺乏停損的意識，更遑論採取停損策略。

每次當老李眼看著自己的血汗錢在股市中一天天縮水，心裡便越來越焦急，而市場上的各種利空消息也讓他信心愈發崩潰。老李每天都在絕望中度日如年。終於，他決定斬斷這痛苦的根源，讓心情得以平靜。在某個指數暴跌的日子裡，老李快刀斬亂麻，將所有持股一併脫手。

本以為這樣可以換來平靜，沒想到行情似乎和他作對，股市在他賣出後卻像雲霄飛車般急速回升。老李只能安慰自己，這不過是下跌趨勢中的一個小反彈罷了。但後來的走勢顯示，這竟是上升波段的開端，漲勢一發不可收拾，這讓老李每天都陷入懊悔的折磨中。

最終，在行情突破某個阻力位置時，老李無法抵擋進場的誘惑，又一次不顧一切地重新殺入股市。不幸的是，悲劇再次重演，老李追到了一個高點，股價隨即開始新一輪的下跌。吸取上次的教訓後，老李決定這次絕不輕易停損離場，然而最終，他仍然血本無歸。

股市中，像老李這樣不懂得運用停損策略的投資人比比皆是。如果這些投資人能夠了解「拍賣陷阱」的賽局理論，在面對虧損時，或許會採取另一種策略。經由「拍賣陷阱」能告訴我們，當你不論做出多麼不理智的行動，都不該再執著於已經付出的成本，畢竟已發生的事無法重來，更應該專注於綜合評估此後如何投入精力才能在這項活動中獲得正面效益。在投資時，應該著眼於未來，審慎評估情勢，一旦發現這項投資無法帶來利潤，便應果斷停損，避免繼續沉迷於已投入的成本——不論是精力、時間還是金錢。

至於該如何有效停損？以下有幾種簡單的方法可供參考：

1. 初始停損法

在買進股票前，預先設定停損點，例如將停損點設在買價下跌的百分之三或百分之五。一旦股價跌破這個位置，應立即出場。這就像玩拍賣遊戲時，事先為自己的出價設定一個上限，如30美分，一旦超過這個價位，就要果斷退場。

2. 保本停損法

如果買入後股價迅速上漲，應立即調整初始停損價格，將停損價格上移至保本價（買入價加上手續費及交易稅），以確保不虧損。

3. 時間週期停損法

在買進股票前，應設定持有期限，如一天、三天、一週或兩週等。如果在持有期限內股價未達預期，且未觸及設定的停損點，此時切勿延長持股時間，應立即離場，以免將「短線投機」變成「長線投資」，最終演變為「長期套牢」。

4. 突發事件停損法

如果持股企業發生重大事件，導致原有的買入理由不再成立，應即刻停損出場，避免承受更大損失。

股市風險無處不在，當發現自己的決策與市場發展趨勢不符，並且確認判斷有誤時，我們必須具備認賠服輸的智慧，及時停損，以防止錯誤持續擴大。

重點整理：

1. 皮洛士在與羅馬的戰鬥雖獲得勝利，卻付出了高昂的代價，這種「得不償失的勝利」被稱為「皮洛士的勝利」，提醒我們在賽局中要認識無法承擔的代價。
2. 美國賽局理論專家馬丁．舒比克提出的「一美元拍賣」例子，顯示競標者可能因為不願意損失已投入的成本而繼續出價，最終遭受重大損失。
3. 沉沒成本是指已經發生且無法收回的支出，過度執著於沉沒成本將導致錯誤決策，增加虧損。在開始任何計畫前應謹慎評估潛在收益與損失，一旦形成沉沒成本，應勇於止損，避免擴大損失。
4. 在股市中，及時停損可以有效降低損失，避免陷入拍賣陷阱的心理狀態。

比較住宅區裡的超市和火車站附近超市兩者的品質和服務，我們就可以看到重複賽局（Repeated Games）的影子。重複賽局說明，對未來的預期是影響人們行為的重要因素。一種是預期收益：我這樣做，將來有什麼好處；一種是預期風險：我這樣做，將來可能面臨什麼問題。這些都將影響個人的策略。

Chapter 12

重複賽局：
騙子不是道德問題

1.從「一錘子買賣」和「59歲現象」看重複賽局

婆婆媽媽們經常在傳統市場買菜，賣菜的阿姨總會對客人說：「你放心，我每天都在這兒賣呢！」這句樸實的話其實蘊含了深刻的賽局理論思維：我們提供的是無限次數的重複賽局。如果今天我騙了你，以後你就不會再來買了，因此我不會騙你。我賣的東西，品質一定有保障。聽到這番話後，顧客通常會打消疑慮，安心購買。

相反地，在一些觀光區或人潮流動性大的地方，商品與服務品質往往較差，假貨更是橫行。這是因為商家與顧客之間並非「重複賽局」，旅客不太可能因為你的飯菜可口而再次光臨，這屬於「一次性賽局」，即「一錘子買賣」。在這種情況下，賣方如果銷售假貨，顧客通常也只能自認倒楣，不會特地搭車回來與商家理論。一些人在即將調離單位或接近退休時的拙劣表現，也類似這種現象，後者常被稱為「59歲現象」。

由此可見，所謂的重複賽局，是指同樣結構的賽局多次重複，每次的賽局稱為「階段賽局」。重複賽局是動態賽局中的重要內容，可以是能獲得完全資訊的重複賽局，也可以是獲得不完全資訊的重複賽局。

重複賽局的理論說明，對未來的預期是影響人們行為的重要因素。一般來說主要有兩種預期：一是預期收益，意即我這樣做將來有什麼好處；二是預期風險，即我這樣做可能面臨什麼問題。這些預期都會影響個人的選擇決策。

例如，你在社區開了一家便利商店，此時需要考慮預期的收益和風險。你的盈利依賴於「回頭客」——周圍的居民，他們就是你的衣食父母。如果你的便利商店欺騙顧客，你將面臨失去長期盈利的機會風險。因此，你必然會選擇誠實對待顧客。

事實上，在任何賽局中，最佳的策略直接取決於對方所採用的策略，特別是這個策略為雙方合作留出的餘地。這個策略的基礎在於下一步對於當前一步的影響夠大，即未來是重要的。結論是，若你認為今後難以再遇到對方，或者你不太關心自己的未來利益，那麼你可以選擇以圖利大於誠信，而無需擔心未來的後果；反之，如果雙方未來見面的機會很大，那麼你最好選擇與對方合作。

重複賽局的應用範圍廣泛，無論是在商業交易還是日常生活中，這種思維模式都能提供深刻的洞察。比如，考慮到社交媒體的影響，企業在與顧客互動時，若能彼此建立良好的信任關係，便能在激烈的市場競爭中脫穎而出。顧客在分享他們的購物經驗時，若對某品牌或商家感到滿意，將會主動為其宣傳，這不僅提升了品牌形象，也形成了良好的循環。

此外，重複賽局的概念也可以延伸至政策制定和國際關係中。在外交事務上，各國的行為往往取決於彼此的信任與合作。若某國反覆違反協議，其他國家將會對其失去信心，使得將來不願再進行合作。因此，重複賽局提醒我們，建立長期的合作關係，正是實現共贏目標的重要關鍵。

總之，重複賽局不僅是數學和經濟學的理論，它對於理解人類行為、商業運作及社會互動具有重要意義。在我們的生活中，做出良好的決策不應只顧及眼前的利益，更需著眼於長期的信任與合作。唯有如此，我們才能在這個充滿互動的世界裡取得持久的成功。

2. 誠信是重複賽局下的最佳選擇

當人與人之間進行的是一場沒有明天的一次性賽局時，大家往往為了自身利益會傾向於選擇欺騙和背叛；只有當人們彼此進行的是一種重複賽局時，大家才會恪守誠信。因此，平時我們講信用而不欺騙，不過是重複賽局裡最佳選擇的一種手段罷了。

賽局是雙方「鬥智鬥勇」的過程。在一種較為完善的經濟制度下，若賽局會重複發生，人們則會更傾向於相互信任。這可以用一個簡單的賽局模型來解釋。

假設有甲、乙兩人，甲出售產品，乙付貨款（商業信用問題），或者甲借錢給乙，乙是否還錢（銀行信用問題）。開始時，甲有兩種選擇：信任乙或不信任乙；乙也有兩種選擇：守信或不守信。如果賽局只進行一次，對乙來說，一旦借到錢，對自己最有利的選擇是不還錢。甲當然知道乙可能會這樣做，因此甲的最佳選擇是不信任對方。這樣一來，甲不信任乙，乙不守信，最終雙方都難以達成有效交易。

那麼，怎樣才能讓雙方的利益達到均衡呢？假定賽局可以進行多次，甲採取這樣的策略：我先信任你，如果你沒有欺騙我，我將一直信賴你；而一旦你欺騙了我，我再也不會相信你。如此一來，乙將面臨兩種選擇：如果守信，將獲得長期利益；如果不守信，則僅獲得一次性利益。因此，守信對乙而言是最具吸引力的選擇。在這樣的情況下，雙方都會達成一種均衡狀態，這種均衡的出現是因為乙選擇了追求長期利益，而犧牲了眼前的利益（當然是指不當得利）。所以，當一個人考慮重複賽局下的長遠利益時，自然會採取守信策略。

誠信因此成為讓自己在以後的重複賽局中繼續獲得利益的一種長遠打算。誠信的人往往都是聰明的，他們懂得細水長流的道理，對於「善有善報」這樣的道理充滿敬畏。

如果有一個人總是出賣朋友，或許他可以在第一次、第二次、甚至第三次出賣中獲得利益，但長此以往，人們終將看清他的真面目，並傳播他的劣跡。最終，他將失去朋友，因為他一直依賴出賣朋友生存。終有一日他將失去朋友，窮途末路，落得眾叛親離的結局。

誠信是在重複賽局中實現利益最大化的一種手段。如果剝離了重複賽局這一前提，或者在重複賽局中最終無利可圖，人們便不會有誠信之舉。

你也許會舉出英雄人物的例子來反駁這個論點，但英雄最終仍得到了人們的敬仰和愛戴，流芳百世，永垂不朽。如果他們捨己為人的結果是被人指責、唾罵，遺臭萬年，他們絕不會選擇成為英雄。

誠信的意義不僅僅在於獲取利益，它還顯現出人際關係的好壞。當信任存在時，人與人之間的交易成本將大幅降低，使人們更容易進行合作與交流。這正是社會繁榮發展的重要因素。在商業環境中，講究誠信的企業更能吸引優秀的人才和穩定的客戶群，長此以往將創造出更大的價值。

再者，重複賽局的概念不僅適用於商業領域，也適用於社會生活的各個層面。在家庭中，父母與孩子之間講誠信信任，能締造良好的親子關係；在朋友之間，誠信是友誼的基礎，使彼此能在困難時相互扶持。因此，建立誠信的習慣，不僅能有助於個人利益的增長，還能提升社會上的個人信譽。

此外，誠信更是一種明確的人格價值。對個人而言，選擇誠信的生活方式，意味著此人在道德上保持自我約束，能抵制不正當的誘惑。在面對利益與誠信的抉擇時，選擇誠信能使人平靜滿足，最終達成自我實現的目標。

總之，誠信不僅是重複賽局中的一種策略，更是維護人際關係、促進社會發展和實現自我價值的重要手段。當我們在生活中實踐誠信時，不僅能夠獲得他人的尊重，還能長遠的創造出更大的成功與幸福。

3. 努力構建「熟人社會」

在現代社會中，人際關係之複雜往往反映在大眾文化中。電視劇中的某些情節，恰好顯示出這一點：一對互不相識的男女，偶然在酒吧相遇，藉著酒精的迷醉，有意或無意地壓抑了理性，隨後在賓館裡發生了一夜情。天一亮，兩人便各自離開，互不干涉，彼此也不會對對方未來的不忠感到不快。

對於這種現象，現代賽局理論提供了深刻的解釋：每次人際交往，其實都可以歸結為兩種基本選擇——合作或背叛。在人際交往中，經常會出現類似囚徒困境的情況：雙方明知合作能帶來雙贏結果，但基於自私的理性與缺乏對他人的信任，合作往往無法實現。

在這樣的賽局中，背叛對個人而言雖然是理性選擇，但最終卻能導致集體的非理性結果。那麼，人類難道真的無法走向集體合作，實現雙贏的局面嗎？

熟諳賽局理論的知名經濟學家羅伯特・歐曼在一九九五年指出，人與人之間的長期交往，是避免人們短期衝突並促進互助合作的重要機制。羅伯特・歐曼所指的長期交往，意即構建一個「熟人社會」，藉由人與人之間的重複賽局來協調利益衝突，進而提升整體的社會福祉。

例如，在公共汽車上，兩個互不相識的陌生人可能為了爭奪一個空位而爭吵，但如果他們認識彼此，就會更傾向於相互謙讓。在往來互動密切的熟人社會中，人們通常會更具備禮節和道德，因為每個人都十分仰賴這個環境的和諧與互信。

比如說傳統的鄉村，一般而言犯罪率都很低，這是因為村民世代相處在同一個村子裡，彼此非常熟悉。如果有人做了損人利己的事，必定會引發民怨，受到全體村民的道德約束。而在繁華的都市裡，鄰里之間往往相對陌生，甚至鄰居也只是「雞犬之聲相聞，老死不相往來」者甚多。在這樣人際互動相對疏離的環境中，如果法律制度不夠健全，犯罪率往往會隨之上升。

由此顯見，構建一個熟人社會有助於促進社會的真正和諧。

在現代社會中，隨著社會變遷和人口流動，都市化加速，人們在日益擴大的生活圈中漸漸成為彼此的陌生人。因此，法律的存在變得不可或缺。當社會轉變為「陌生人社會」時，社會的發展將更加依賴契約和制度，人與人之間就更需要透過制度和規則來建立彼此的信任關係。隨著契約、制度和規則的逐步完善，法律也隨之自然形成。

但如果我們身處在一個熟人社會，情況就會大不相同。此時，道德、法律和權力利益的劃分，都與彼此之間未來的持續互動息息相關。從消極的層面看，我們互不侵犯，是為了避免糾紛沒完沒了、兩敗俱傷的循環報應。例如，兩個部落的居民相遇，一個帶著獸皮，另一個帶著野果，雙方都想獲得對方的物資。如果這是一次偶然的相遇，或許他們會相互搶奪。但若他們隔鄰而居，考慮到未來長遠的相處，交惡可能導致對方家族的報復，因而不會輕易強取對方的財物。於是，所有權的概念在這種互動中逐漸形成。如果他們仍對對方所持有的物品有所需求，便可能選擇合作，進行以物易物，交易制度就此產生。

所以，構建一個熟人社會是人們走向共贏的最佳策略。可喜的是，隨著網路的發展，地球正逐漸縮小為一個大型村落，新熟人社會的構建正逐步成形。

4. 一報還一報帶來合作

重複賽局研究的是人與人之間的合作關係。對於整個人類社會而言，構建一個「熟人社會」是促進人與人之間合作的有效策略，但這並不意味著只要構建一個「熟人社會」，一切問題便能迎刃而解。由於人性的複雜，我們在重複賽局中仍需採取其他策略來確保合作能為雙方帶來最大利益，而「一報還一報」的策略正是其中之一。為了理解此一策略，我們可以先看一個小故事。

某天深夜，一位教授正在熟睡時，電話突然響起。他睡眼惺忪，拿起電話，電話裡傳來女鄰居憤怒的聲音：「你能不能管好你的狗？別讓牠再叫了！」說完，電話便掛斷了。教授感到十分氣憤。第二天，他設了鬧鐘，在半夜兩點準時起床，撥通了女鄰居家的電話。對方過了很久才接聽，滿含睡意地問：「誰啊？」教授彬彬有禮地回應她：

「夫人，昨天我忘了告訴你，我們家沒有養狗。」

從這個小故事中，我們可以發現，在沒有法規和道德約束，也沒有其他外力干預的情況下，最有利的策略往往就是「一報還一報」，即以其人之道還治其人之身。

「一報還一報」策略是美國密西根大學學者羅伯特·阿克塞爾羅（Robert M. Axelrod）提出的。他在研究中發現，在進行重複賽局時，為了使他人與自己合作，必須做到以下幾點：

第一、表達善意。指人與人在第一次接觸時，始終向對方展現出合作的意願，堅持保持善意，優先選擇合作，而非背叛或欺騙。

第二、具報復性。能及時識別對方的背叛，並以牙還牙施以適當的報復，防止對方逍遙法外。

第三，寬容。指不因對方一次性的背叛而長時間懷恨，對方若改過自新並重返合作常軌時，應恢復合作。

第四、簡單。指策略應簡單明瞭，使對方能迅速理解識別，避免產生誤解。

第五、不妒忌。指不要小聰明，不占便宜，不在合作關係中爭強好勝。

綜合歸納這五點，便是「一報還一報」策略。其實，友善、有原則、寬容、簡單、不妒忌他人，這些品德本就是我們生活中應有的處事方式，只是很少有人會以賽局理論的科學結論為指導，將這些原則結合成一種行事策略。

此一策略可以用來引導我們在重複賽局中做出最佳選擇。例如，戀愛關係也是一種重複賽局，同樣適用「一報還一報」策略。善意、寬容、愛的回應、簡單明瞭，以誠心與愛意為最高指導原則，才有可能獲得長久穩定的愛情和白首偕老的婚姻。

由此可以看出，「一報還一報」的策略能促進人際間的合作，使人從利己的動機上形塑出群體的理性作為，帶來利他行為和社會的道德共識。簡單來說，就是：你對我友善，我也對你友善；你若對我不利，我也會採取相對應的行動。我對你好，是希望你能繼續對我友善；而當我對你不好時，並不是為了報復，而是為了使你重返合作正軌。所以，「一報還一報」的策略最終能帶來雙方的合作。

重點整理：

1. 重複賽局是指同樣結構的賽局反覆多次進行。在這種情境中，參與者的行為會考慮到未來互動的影響，促使他們選擇誠實與信任，以便與對方維持長期合作關係，反之，一次性賽局則容易導致雙方的欺騙與不信任。
2. 在重複賽局中，誠信成為實現利益最大化的重要策略。人們會選擇守信以換取長期利益，而非短期的不當得利。誠信不僅能使人獲取經濟利益，更是提升人際關係質量與社會信任的關鍵。
3. 在重複賽局中，「一報還一報」的策略強調以其人之道還治其人之身，不論是表達善意或具報復性，均能促進雙方合作。這種策略的核心在於友善、寬容及簡單明瞭的行事方式，以建立良好的互動關係。

無數的事實告訴我們，是選擇決定了我們的命運，而非機會。作出什麼樣的選擇將決定你未來過什麼樣的生活，今天你的生活是由三年前所作出的選擇決定的；而你今日的抉擇，不僅將決定三年後的你，甚至影響你最終離開人世時的樣子，這就是人生賽局的法則。

Chapter 13

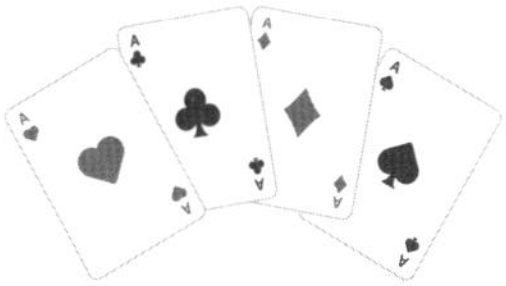

選擇智慧：
選擇本身就是一場賽局

1.選擇決定生活是人生賽局的法則

有三個人即將被關進監獄三年，監獄長答應滿足他們每人一個要求。美國人愛抽雪茄，因此要求了三箱雪茄。法國人天性浪漫，他要求一位美麗的女子與他作伴。猶太人則要求一部可以與外界聯絡的電話。

三年過後，第一個衝出監獄的是美國人，嘴裡塞滿了雪茄，大喊道：「給我火，給我火！」原來他忘了要火。接著出來的是法國人，只見他懷裡抱著一個孩子，身邊的美麗女子牽著一個，還懷著第三個。最後出來的是猶太人，他緊緊握住典獄長的手說：「這三年來，我每天都和外界保持聯絡。我的生意不但沒有中斷，反而成長了好幾倍。為了表示感謝，我送你一輛勞斯萊斯！」

這個故事告訴我們，決定你我命運的往往不是機會，而是我們的選擇。你今天的生活，其實早在三年前的選擇中就已經決定。而你今天的選擇，不僅決定三年後的你，甚至會影響你一生的結局。這就是人生賽局的法則。

那麼，什麼是選擇呢？選擇可以視為一個判斷和取捨的過程，在多種可能性中找到最理想的選項，其標準是使效用最大化（效益減去成本）。

為了作出最明智的選擇，需要準確計算成本與收益，同時評估風險，更重要的是，清楚自己真正想要的是什麼。我們可以透過以下五個步驟，來為自己作出最佳選擇。

第一、列出所有可能的選擇。

第二、盡可能列出每個選擇的潛在後果。

第三、評估每種結果發生的可能性。

第四、考量自己對每種結果的渴望或恐懼程度。

第五、綜合所有因素，做出最合理的選擇。

人生就是一個不斷選擇的過程。在做選擇時，首先要明確自己的目標，然後計算成本與收益，確定這件事是否值得去做，最後再決定具體的策略。

2. 霍布森的選擇與毛驢的選擇

經濟學中有一個名詞——「霍布森的選擇」（Hobson's choice），這個詞源自十七世紀英國一位名叫托馬斯·霍布森（Thomas Hobson）的馬場老闆。

據說，霍布森賣馬時承諾，顧客只需支付便宜的價格，就可以隨意從他的馬場挑選或租用馬匹；但他附加了一個條件：顧客只能挑選能夠從馬廄出口走出來的馬。

然而，這點其實隱藏著一個限制。霍布森故意在馬廄設置了一個狹窄的小門，大馬、肥馬無法通過，只剩下小馬、瘦馬可選。顧客以為自己做出了滿意的選擇，實際上可挑選的範圍早已被限定，結果不言自明。

「霍布森的選擇」給我們的啟示在於：有時我們自以為作出了抉擇，但事實上，卻是陷入了一種沒有選擇下的人為選擇。

要打破這種「霍布森的選擇」，我們需要成為一位優秀的「伯樂」。我們應該走出馬廄，去大草原、甚至全世界尋找「千里馬」。一般而言，資源配置的範圍越大，企業就越具優勢；相反地，配置範圍越小，企業往往會面臨劣勢。只有放寬視野，開放思維，並放眼於全球，才能選擇到世界級的「千里馬」。

與「霍布森的選擇」相對的則是選擇太多。選擇越多越好似乎已成為人們的共識，但這樣的說法真的正確嗎？我們可以先來看一下由美國哥倫比亞大學（Columbia University）與史丹佛大學（Leland Stanford Junior University）共同進行的實驗。

在這項實驗中，科學家隨機抽取兩組受試者：第一組在六種巧克力中選擇，第二組則在三十種巧克力中選擇。結果顯示，第二組受試者的滿意度明顯低於第一組，許多人表示自己所選的巧克力並不好吃，並對自己的選擇感到後悔。

由此可見，沒有選擇確實不好，但選擇過多也讓人難以作出最佳選擇。正因為選擇不容易，才會出現那個餓死在兩堆稻草之間的毛驢的故事。故事說道，在一隻毛驢面前有兩堆一模一樣的稻草，儘管牠非常餓，但因為無法判斷該選擇哪一堆，最終牠無法做出選擇，結果在兩堆稻草面前活活餓死了。

在實際生活中，當我們面對多種選擇時，常由於資訊不夠充分，使我們無法確認每個選擇的後果，因此難以作出決定。然而，無論選擇哪一個策略，都比不做選擇要好。

如果驢子所面對的這兩堆稻草其中一堆離牠距離較近，或者分量較多，牠自然應當選擇這一堆；但當這兩堆稻草都一樣的時候，無論牠選擇哪一堆，都總比什麼都不選擇而餓死要好。這個故事告訴我們，在生活中，即使面對困難的選擇，我們也應該勇於行動，而不是坐以待斃。

3.放棄，有時是一種明智的選擇

在偏遠的山村裡，有兩位貧苦的樵夫靠著上山砍柴為生。一天，他們在山中意外發現兩大包棉花，驚喜不已，因為棉花的價格遠高於柴薪，若能將這兩包棉花賣掉，足以讓他們的家人一個月衣食無憂。當下，他們各自背著一包棉花，趕忙回家。

走著走著，其中一位樵夫眼尖，發現山路上扔著一大捆布，走近一看，竟是上等的細麻布，數量足足有十多匹。他欣喜若狂，迫不及待地和同伴商量，最後決定把棉花丟掉，改背麻布回家。然而，他的同伴卻持不同意見，認為自己背著棉花已經走了一大段路，到了這裡若丟下棉花，豈不枉費了先前的辛苦？於是堅持不換。由於無法說服同伴，發現麻布的樵夫只好自己盡量背起麻布，繼續前進。

又走了一段路後，背麻布的樵夫望見林中閃閃發光，走近一看，地上竟然散落著數罈黃金，他心想，這下真的發財了，於是急忙邀請同伴放下肩上的棉花，改用挑柴的扁擔挑黃金。然而，背棉花的同伴仍然不願意丟下棉花，甚至還懷疑那些黃金不是真的，勸他不要白費力氣，以免空歡喜一場。發現黃金的樵夫只好自己挑了兩罈黃金，繼續和背棉花的同伴一起回家。

當他們走到山下時，突然下起一場大雨，兩人在空曠處被淋成落湯雞。更糟的是，樵夫背上的棉花吸飽了雨水，變得無比沉重，使得他無法再背。最後，他不得已地放棄了這一路辛苦得來的棉花，無奈地空手而返。

當機會來臨時，人們往往會做出不同的選擇。有的人會審時度勢，果斷放棄過去的選擇，作出對自己更有利的決定；而有些人則像騾子般固執，不願接受任何改變。不同的選擇必然導致截然不同的結果。有時不切實際的固執只會使自己顯得愚昧，有時懂得放棄則是一種智慧的表現。在人生的每一個關鍵時刻，應該審慎運用智慧，做出正確的選擇，同時別忘了及時檢視選擇的角度，適時調整。因而，我們應學會從多個角度全面研究問題，放棄無謂的固執，以開放的心態冷靜應對挑戰。

4. 先吃「好蘋果」，降低選擇的機會成本

陳蕃，字仲舉，是東漢的一位名士。少年時期，他在外地求學，獨居一室，整天忙於讀書交友，無暇收拾屋子，使院子裡長滿了雜草。有一次，他父親的朋友薛勤前來探望，對他問道：「你為什麼不把院子打掃乾淨，好迎接賓客呢？」陳蕃聽後，微微一笑，回應道：「大丈夫處世，當以掃除天下為己任，怎能把精力浪費在打掃一間房子上呢？」薛勤聽後頗感不滿，反駁道：「一屋不掃，如何能掃天下？」

一般人講這個故事，通常就到此為止，教育人做大事要從小事做起，把陳蕃當成負面教材。然而，根據《世說新語》的記載：「陳仲舉言為士則，行為士範，登車攬轡頭，有澄清天下之志。」陳蕃後來官至太傅，為人耿直，為官敢於堅持原則，並廣為蒐羅人才，士人有才德者皆大膽起用，政事一時為之一新。陳蕃確實將天下掃得不錯。而那位因批評陳蕃而留下「一屋不掃，何以掃天下」千古名言的薛勤，卻未能留下任何成

就輝煌的紀錄。

那麼，為什麼陳蕃不掃一屋卻能掃天下呢？這在於他懂得在賽局中考量機會成本。

我們來看以下這個例子。假設有兩箱蘋果，一箱又大又鮮，另一箱因放置時間過久而有一些變質。這時，應該先吃哪一箱呢？是先吃好的還是壞的？

最典型的吃法有兩種：第一種是先從變質的蘋果吃起，將壞掉的部分削去。這種情況往往導致需要長時間吃爛蘋果，因為等到將眼前的爛蘋果吃完時，原本好的蘋果可能也因時間過長而變質了。第二種是先從最好的蘋果開始吃，吃完再吃次好的。這種方式通常無法將所有蘋果都吃掉，因為最後剩下的變質蘋果實在無法再食用，最終只能被丟棄，形成一定程度的浪費。然而，這樣做的好處是能夠享受到美味的蘋果，品味其美好滋味。

兩種吃法各有其道理。在實際生活中，究竟先吃哪個蘋果對個人的影響不大；但從經濟學的角度來看，選擇先吃哪個蘋果，實則與陳蕃選擇先掃小屋還是先掃天下的決策類似，這其中蘊含著深刻的賽局理論思想。

賽局理論認為，人的任何選擇都有機會成本。機會成本的概念凸顯了這樣一個事實：任何選擇都會「耗費」一些其他的事物，也就是必須放棄的替代選擇。在現實生活中，不同的人對其放棄的選項會有不同的預期和評價，這主要取決於他們的主觀判斷，也就是所謂的主觀機會成本。再回到先吃哪個蘋果的問題，兩種吃法實際上代表著人們的兩種觀念，兩種對機會成本的主觀判斷。第一種吃法的主觀判斷認為浪費的機會成本大於好蘋果味道變差的機會成本；而第二種吃法則認為味道變差的機會成本大於浪費的機會成本。

在日常生活中，我們經常得面對各種選擇，例如選擇哪一項工作或是花費時間與金錢的優先順序，每天都在有意或無意地對各種機會成本進行比較。然而，個人對機會成本的感覺會有所偏差，這正提醒了我們要善待自己，也要善待他人；既要尊重自己的感受與選擇，也要理解和尊重他人的感受與選擇，因為每個人的選擇，背後都有其獨特的考量與價值。

重點整理：

1. 人生中的選擇會深刻影響未來。文章中監獄的故事正說明了不同選擇將導致截然不同的結果，強調我們當下的決定將左右我們未來的命運。

2. 明智選擇的五步驟：要做出明智選擇，必須得列出所有可能選擇、評估後果、計算成本與收益、並綜合考量風險與自身需求，最後做出最合理的選擇。

3. 「霍布森的選擇」是一個在經濟學和賽局理論中具有特殊意義的概念。霍布森效應表明參與者（決策者）看似有多種選擇，但在實際情境中，由於外部條件或隱性限制，實際可選擇的策略非常有限，甚至只有一條路可走；因此，要突破這種限制必須打破僵化的思維，拓展視野，才能找到最佳選擇。

4. 為了避免「霍布森效應」，我們應改變固有思維，認清「路」不只一條，每條路都有不同的走法。別讓他人決定你的選擇，應準備多種替代方案，並從不同角度思考問題，例如「逆向思考」、「換位思考」和「灰度認知」。當認知狹隘時，運用這些方法避免陷入單一選擇的陷阱，才能做出正確的決策。目標明確時，選擇也就更多，人生更易掌控。

5. 過多的選擇可能帶來不滿與後悔，猶如故事中的毛驢，最終因為無法做決定而餓死，這提醒了我們，即便選擇困難，也應該勇於行動。

6. 選擇的背後隱含機會成本，無論是小決策還是大抉擇，都應理性衡量得失，並理解每個選擇都是一種取捨。

7. 不同人對機會成本的感知不同，因此應理解和尊重他人的選擇，因為每個人做決定時都有其自身的考量與價值觀。

自然界中各種生物個體的能力是非常有限的，在這個充滿競爭的時代，生存變得越來越艱難，因此我們更需要與他人合作。最能有效地運用合作法則的人能活得最久，而且這個法則適用於任何動物、任何領域，這也是獵鹿賽局（Stag Hunt Game）所要告訴我們的道理。

Chapter 14

獵鹿賽局：從合作走向共贏

1. 獵鹿賽局中的合作哲學

戰國時期，越國人甲父史和公石師各有所長。甲父史善於計謀，但個性猶豫，處事優柔寡斷；公石師則處事果斷，但缺乏心計，常因思慮不周而犯錯。由於兩人交情深厚，他們經常取長補短，合謀共事。雖然是兩個人，但卻像有一條心，合作時無論做什麼，總是心想事成。

後來，他們在一些小事上發生了衝突，吵了一架，然後各自分道揚鑣。當他們各自獨立行事時，都在自己的政務中屢屢遭遇敗績。對於他們的衝突，一位名叫密須奮的人感到十分痛心。他規勸兩人：「你們聽說過海裡的水母沒有？它沒有眼睛，靠蝦來帶路，而蝦則分享著水母的食物。這兩者互相依存，缺一不可。

再看另一個例子，有種動物叫蟨鼠，牠前足短，善於覓食但不善行走；而邛邛岠虛則善於行走但不善於覓食。平時邛邛岠虛依賴蟨鼠提供甘草為生；一旦遭遇劫難，邛邛岠虛則背著蟨鼠逃跑。牠們也是互相依賴的。

恐怕你們還沒有見過雙方不能分開的另一典型例子，那就是西域的二頭鳥。這種鳥有兩個頭，但只有一個身子，牠們彼此妒忌、互不相容。兩個鳥頭餓起來就互相啄咬，其中一個睡著了，另一個就往牠嘴裡塞毒草。如果睡夢中的鳥頭嚥下了毒草，兩個鳥頭就會一起死去。

現在你們兩人的處境就與『二頭鳥』非常相似，牠們身體相連，而你們則是事業共同體。既然分開帶來失敗，為什麼你們還不和好呢？」

甲父史和公石師聽了密須奮的勸解，對視會意地說：「要不是密須奮這番道理講得好，我們還要單槍匹馬受更多的挫折哩！」於是兩人言歸於好，重新合作共事。

這則寓言故事告訴大家，自然界裡各個生物個體的能力是非常有限的。在追求生存和發展的過程中，唯有堅持團結合作、互相取長補短，才能真正獲得成功。

要了解合作為什麼能帶來收益，我們得從「獵鹿賽局」說起。

某個部落裡有兩個出色的獵人，某一天他們狩獵時看到一頭梅花鹿。於是兩人商量，只要守住梅花鹿可能逃跑的兩個出口，梅花鹿將無路可逃；但若其中任何一人放棄圍捕，梅花鹿就會逃脫。

「福兮禍之所依，禍兮福之所伏。」有時運氣太好並不一定會有好的結果。正當兩個獵人嚴陣以待圍捕梅花鹿時，在兩個路口卻都跑過一群兔子。如果獵人選擇去捕兔子，則每人都能抓到4隻兔子。從維持生存的角度來看，4隻兔子可以供一個人吃4天，然而抓住一隻梅花鹿兩人平分，能使每人吃10天。這裡不妨假設這兩個獵人分別叫A和B。

因此，兩個人的行為決策可以表達為以下的賽局形式：要麼分別去抓兔子，每人得4天的食物；要麼合作捕獲梅花鹿，每人得10天的食物。這樣的獵鹿賽局有兩個納許均衡，分別是：兩人各自去捕兔子，每人吃4天；或兩人合作獵梅花鹿，每人吃10天。

這兩個納許均衡代表著兩種可能的結局。至於哪一個最終發生，無法僅靠納許均衡本身來確定。比較〔10, 10〕和〔4, 4〕這兩個納許均衡，明顯的事實是，若兩人一起去獵梅花鹿，每人可多吃6天，這比各自去抓兔子更有利。按照經濟學的說法，合作獵鹿的納許均衡具有柏拉圖優勢（Pareto optimality，又譯帕雷托優勢。指資源分配的一種理想狀態），與〔4, 4〕相比，〔10, 10〕不僅整體利益有所改善，還使得雙方的利益均能獲得提升。

更精確地說，〔10, 10〕相比於〔4, 4〕，其中一方的收益增加，而其他各方的情況則不受損害。這就是〔10, 10〕相對於〔4, 4〕具有帕雷托優勢的含義。

在這裡，我們需要解釋一下何謂柏拉圖優勢。在經濟學中，柏拉圖優勢準則是：經濟效率顯現在社會資源的配置上，旨在改善人們的狀況，主要看資源是否已被充分利用。如果資源已被充分利用，增加一個人的利益必然會損害其他人的利益，此時便達成了柏拉圖優勢。相反地，若能在不損害他人的情況下改善任何人的狀況，則會被認定為經濟資源尚未充分利用，還沒有達到柏拉圖優勢。

所謂的優勢是指資源配置已達最適狀態，即任何重新改變資源配置的方式，都不可能使一部分人在不損害其他人的情況下受益。這種資源配置狀態稱為「帕雷托最適」，或稱為「柏拉圖效率」，意指在此狀態下，無法再進一步改善某人的境況而不損害其他人。

目前，企業的巨型併購（Mega Merger）接近於獵鹿模型中的柏拉圖改善（Pareto Improvement）。這類併購所帶來的結果是資金雄厚、生產技術先進，並且在全球市場上擁有更優越的競爭地位，進而發揮更顯著的影響力。

2.有效合作，讓牽手撫平單飛的痛

每當秋天，候鳥南飛避冬，牠們沿途以「人」字隊形飛行，十分有序。科學研究證實，當每隻鳥展翅拍打時，會帶動其他鳥隻跟進，使整個鳥群的氣流抬升。借助「人」字隊形，鳥群的飛行效率比單獨飛行至少提高了百分之七十一。

當一隻大雁脫隊時，牠很快便會感受到獨自飛行的困難與吃力，於是又回到隊形中，繼續利用前方同伴的浮力前進。當領隊疲倦時，牠會退到側翼，另一隻大雁則接替牠，飛到隊形最前端。大雁會定期更換領頭者，因為領頭的大雁在前方開路，能為兩側的同伴創造局部的真空。科學家在風洞實驗中發現，成群飛行的大雁比單獨飛行可多飛百分之十二的距離。

正如布萊克所言：「沒有一隻鳥會升得太高，如果牠只用自己的翅膀飛升。」人類也是如此，如果懂得攜手合作，而非各自為戰，便能飛得更高、更遠，並且更快。

隨著社會發展，個人之間或企業之間合作的案例不斷增多，因為大家都明白，有效合作不僅能提高效率、降低成本，還能增強雙方的競爭力，實現合作共贏。在網路經濟時代，透過合作來達成雙贏的「正和賽局」已成為企業與個人的生存之道。

在競爭日益激烈的時代，生存愈加艱難，因此我們更需要與他人合作。善於運用合作法則的人，往往能生存得更久，而這一法則適用於所有生物與各個領域。

一個人的才能和力量總是有限的，唯有透過合作，才能最省時省力、最高效地完成複雜的工作。沒有別人的協助與合作，任何人都無法取得持久的成功。

合作與競爭看似水火不容，實則密不可分。在知識經濟時代，競爭與合作已成為不可逆的大趨勢，團隊合作與精神比以往更加重要。唯有承認個人智慧的局限性，認識自我封閉的危害，才能充分發揮合作的力量，彌補個人不足，達成個人無法完成的目標，成為賽局中的勝者。

3.用承諾贏取合作

榮獲第七十四屆奧斯卡最佳外語片獎的《三不管地帶》（No Man's Land）講述了一個耐人尋味的故事。

故事發生於波士尼亞戰爭期間，一群波士尼亞士兵在大霧中迷路，誤闖塞爾維亞軍的陣地。大霧散去後，塞爾維亞士兵發現了這群波士尼亞人，雙方隨即爆發激烈的戰鬥。

激烈的攻擊結束以後，尼奇似乎是唯一的倖存者，他藏身於「三不管地帶」的一個廢棄戰壕裡，並俘虜了前來清理戰場的塞爾維亞士兵尼諾。不久後，他們又發現了受傷的波士尼亞士兵塞拉，不幸的是，塞拉身下壓著一顆已經被觸發的地雷，如果他稍有動作，三人都將喪命。局勢開始變得更加複雜。

三個本來有著不同人生軌跡的人，卻被戰爭的殘酷現實綁在了一起。為了自救，他們開始嘗試合作：向各自的陣營呼喊請求停火，並努力化解彼此之間的敵對情緒。然而，由於彼此之間的猜疑和對立，衝突不時再起。

雙方軍隊也因這三個士兵的處境暫時停止交火，並共同向聯合國請求支援。事情發展到這兒，問題本可以到此解決了，然而，歷史仇恨和現實難題（如塞拉身下的地雷）讓情況更加複雜。隨著媒體曝光，全球目光集中於此，聯合國被迫派遣高級官員前來調停，但最終也無計可施。結果是，尼諾和尼奇在相互報復中喪命，而聯合國則製造了一個「和平解決」的假象來因應輿論。至於塞拉，他依然躺在那顆地雷上，命運未卜。

在這個故事中，尼諾和尼奇原本有意合作，雙方軍隊也曾暫時放下對抗，甚至聯合國都出面維持和平。然而，為什麼最終仍然釀成悲劇？關鍵在於缺乏承諾。沒有明確的合作承諾，雙方無法建立起真正的信任，而信任正是雙方合作成功的基礎。

相較於其他當時的起義領袖，陳勝和吳廣的策略顯然更為高明。

陳勝年輕時家境貧寒，以為他人耕種維生。有一天，他在田邊高地休息，感慨地對同伴說：「有朝一日，若誰富貴了，可別忘了咱們這些窮哥兒們。」同伴們笑著回答：

「你給人家耕地當牛馬，哪裡能談得上富貴？」陳勝歎了一口氣，說：「燕雀安知鴻鵠之志！」

秦二世元年（公元前二〇九年）七月，皇帝徵召九百名窮苦百姓前往戍守漁陽，途中臨時駐紮於大澤鄉。陳勝與吳廣被編入這支隊伍，並擔任小隊長。適逢大雨，道路不通，眼看已經誤了期限，按照秦朝軍法，誤期者將被處死。陳勝、吳廣一同商議，決定反抗。他們認為：「逃跑和造反結果都是死，不如為恢復楚國而戰。」經過協商後，他們利用士兵的迷信，首先在眾人中建立威信，隨後趁機殺了兩名軍官，並以扶蘇和項燕的名義號召天下起義。最終，陳勝被擁立為王，宣稱要重建楚國。各地飽受秦朝官吏壓迫的百姓紛紛響應，起而反抗。

陳勝與吳廣的起義能夠成功，有很大的程度得益於陳勝的承諾：「苟富貴，勿相忘。」這句話看似簡單，卻蘊含了陳勝對貧困朋友的深厚情誼。正是這句承諾，讓他的窮苦好友和義軍願意為他出生入死，爭取天下。

由此可見，承諾是一種強大的競爭力。在賽局中，透過履行承諾能夠贏得他人的信任，進而促成更有效的合作，最終取得成功。

承諾，是指對他人作出的保證或未來行動的承諾，通常伴隨著預期的回報或結果。

在賽局中，促成合作的承諾必須同時具備兩個要素：適度和切實。適度意味著承諾不應過高或過低，切實則代表承諾必須能夠實際履行。適度的承諾因人因事而異，難以一概而論，但若承諾經常無法兌現，容易讓人陷入失信，甚至尷尬不堪。因此，在作出承諾前，我們應避免情緒衝動，保持冷靜，謹慎衡量以做出適當的承諾。

避免作出無法承擔的沉重承諾是把握適度的關鍵。承諾只有在量力而為並相互體諒的基礎上，才能順利履行。承諾時適當留有餘地，是成熟處理人際關係的關鍵。作出恰如其分的承諾，既能讓對方滿意，也能讓自己保持主動。

有效承諾的第二個要求是切實，意指必須確實履行對他人的承諾。履行承諾是個人成就合作的重要關鍵。是否信守承諾，往往反映出一個人的品格與生活態度，並影響其未來的人生走向。

在資訊網路盛行的時代，信譽將成為決定合作成敗的重要因素。隨著「有限合作」、「專案合作」、「部分合作」、「短期合作」等各類合作形式日益增加，它們將成為智慧生存的主流。在這種趨勢下，只有確實履行承諾，我們才能贏得長期的合作與信任。

4.用懲罰保證合作的順利進行

在現實情況下，雙方往往在合作時所得收益最大，但如果其中一方不遵守合作約定，必然會讓另一方受到損失。因此，合作時有必要引入懲罰機制：違約的一方將受到嚴厲的處罰。這樣才能在一定程度上避免違約問題，一旦一方出現違約的現象，也能夠透過有效的手段保障另一方的權益。

李老師是某高中的專任導師，他經常帶著班上的同學外出郊遊。然而，在帶班出遊的過程中，他遇到了一個棘手的問題。前幾次，李老師通知全班同學早上8點在校門口集合，結果有幾個同學拖拖拉拉，導致大家直到8點15分才出發。

於是，李老師在之後的集體活動中改變了策略，雖然實際集合時間仍是8點，但他通知大家7點45分集合，結果最晚的幾個同學也能在8點趕到，因而能夠準時出發。李老師對自己的策略感到滿意。

然而，時間久了，同學們也發現了李老師故意提前通知集合時間，甚至可以根據他的通知猜測出實際的集合時間。因此，每當李老師通知7點45分集合時，大家還是按照實際的集合時間8點來安排，結果有幾個同學仍超過8點之後才趕到。而那些準時7點45分到達的同學開始抱怨，後來也變得不那麼守時了。李老師再一次陷入了如何約定時間的煩惱。

在這場賽局中，老師如果想破解學生遲到的困局，有兩個選擇：一是過了集合時間就不再等待，讓遲到的同學獨自承擔責任。這種責任和懲罰會對學生造成較大的損失，讓他們不敢再遲到。二是若遲到的學生較多，那麼可以等到某個數量的學生到齊後立刻出發，讓遲到過久的同學承擔責任。

這兩種選擇都採用了對遲到同學進行嚴厲懲罰的方式，如果持續這樣執行下去，遲到問題必定能夠得到有效解決。這也正說明了懲罰機制對合作的重要性。

每一個鼓勵合作且運作良好的組織，通常都少不了懲罰違約和作弊行為的機制。然而，需要注意的是，懲罰機制的建立只是保障合作的第一步，合作是否能順利達成，關鍵在於懲罰機制中威脅的可信度。

美國普林斯頓大學的動物行為專家古爾德（James R. Gould）教授曾用以下例子說明威脅的可信度問題。

兩兄弟老是為玩具吵架，每次哥哥搶了弟弟的玩具，弟弟就去向爸爸告狀。不耐煩的父親宣布了一條規定：「好好去玩，不要吵我；否則，無論誰來告狀，我都會把你們兩個一起關起來。」被關起來比沒有玩具玩更加糟糕。此時，哥哥又搶走了弟弟的玩具，弟弟無奈，只好說：「快把玩具還給我，不然我要告訴爸爸。」

哥哥心想：「你真的告訴爸爸，我會倒楣。但你如果不告狀，只是沒玩具玩；一旦告狀，你也會被關起來，這只會讓你的處境變得更糟，所以你不會告狀。」因此，哥哥對弟弟的警告置之不理。

如果弟弟是會計算自己利益的理性人，他終究會選擇忍氣吞聲。

可見，合約能否被雙方履行，關鍵在於威脅是否具有可信度。

遲到的情況也是如此。如果李老師採取的策略是告訴同學們，一旦有人遲到就取消活動，這樣的懲罰顯然夠嚴厲，但在現實生活中難以成立。因此，同學們心知肚明老師只是嚇唬他們，就不會在意，依然我行我素，遲到的問題依舊無法解決。

因此，制定具高度可信度的懲罰機制，是確保合作順利進行的前提條件。

重點整理：

1. 獵鹿賽局（Stag Hunt Game）是賽局理論中的理論，描述合作與風險間的抉擇。兩位參與者可以選擇合作捕捉一頭鹿，獲得較大回報，但需要彼此信任；或各自捕捉兔子，獲得較小但穩定的收益。此賽局有兩個納許均衡：共同合作捕鹿或各自捕兔，強調合作與信任對於達成最佳結果的重要性。
2. 獵鹿賽局顯示出合作與個人行動的選擇：兩人合作獵梅花鹿的收益大於各自去抓兔子。這種合作形式可以達到柏瑞圖改善的納許均衡，實現雙方利益的最大化。
3. 柏拉圖優勢是指在資源已被充分利用的情況下，無法改善一方利益而不損害另一方。企業巨型併購（Mega Merger）即類似於獵鹿模型中的柏拉圖改善，透過合作提升資源配置效率和競爭力。

4.候鳥的「人」字隊形飛行提高了整體效率，比候鳥單獨飛行能多飛百分之十二的距離，這反映了合作能夠提高效率、降低成本的現象。在現代社會，正和賽局成為企業和個人生存的重要策略。

5.承諾是合作中贏得信任的基石。文章以《三不管地帶》故事說明，缺乏承諾將導致合作失敗。陳勝與吳廣的成功起義，也正是基於「勿相忘」的承諾，促成了有效的合作。

6.承諾應量力而行並可具體實踐，這樣才具有效力。適度的承諾避免了過高期待，且必須實際履行，這樣才能建立長期合作的信任。

7.雙方合作需設懲罰機制來避免一方違約。文章中的李老師透過懲罰遲到學生的策略，試圖確保團體活動的準時進行，這說明懲罰機制能有效保護合作雙方的利益。

8.威脅的可信度是懲罰機制的核心。以書中兄弟的故事為例，父親以懲罰來避免孩子們告狀，但關鍵是威脅能否真正落實。威脅必須具可信度，才能有效維持合作秩序。

數學界有一個詞叫「酒鬼漫步」，說的是一個酒鬼在斷崖邊漫步，每一步都有0.4737的機率把他帶離斷崖，約0.5263的機率把他帶向斷崖。從長期來看，他每走一步，就會向斷崖逼近0.0526步（兩個機率值之差）。雖然距跌下山崖可能得花上好長一段時間，但這是遲早的事。這與賭博有異曲同工之妙，因為從長遠來看，賭博也是一個註定會輸的遊戲。因此反對賭博，不只是一種道德立場，也是一種明智的策略選擇。

Chapter 15

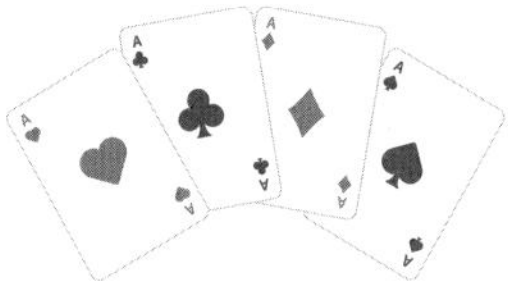

賭博：
註定會輸的賽局

1. 血本無歸是賭客的不二結局

人類生來便具有賭性。二〇〇三年的一項調查顯示，澳洲的成年人中有百分之八十六參與過各種形式的賭博，其中，百分之二的男性和百分之一的女性是狂熱賭徒，另外百分之五的男性和百分之二的女性則屬於潛在的狂熱賭徒。但這些賭徒不知道的是，無論從客觀還是主觀角度來看，他們的失敗早已註定。

約翰・斯卡恩（John Scarne）在他的《賭博大全》中寫道：「當你參與賭博時，必須為賭場設置的規則支付一定比例的金錢，因此，你贏錢的機會，如數學家所說，是負數期望值。因此當你使用某種賭博系統時，總是需要進行多次賭局，而由於每次的期望值都是負的，所以你根本無法將這種負期望值變成正的。」

約翰・斯卡恩從客觀的角度點明了賭博註定會輸的原因。他舉例說：假如你和朋友在家玩「猜硬幣」，不論誰輸誰贏，這都是一個「零和遊戲」——一方贏多少錢，另一方就輸多少錢，並不需要支付額外的成本（其實這樣說並不完全準確，因為時間也是一種成本）。但賭場的情況不同。賭場有各種成本支出，如設備、人員、房租等，且賭場老闆還要賺錢，這些成本最終都會轉嫁到賭客身上。假設這些開銷估計為百分之十，也就是說，當賭客投入一百元，但最多只能拿回九十元。長期下來，每個人的收入必然小於支出。

以最典型的俄羅斯輪盤為例：輪盤上有38個洞（部分輪盤是37個洞），其中18個紅色，18個黑色。小球滾入紅色或黑色洞的機率相同，但這並不是一場完全對等的賭局，因為紅色或黑色洞的中獎機率是18/38，約為0.4737。還有兩個洞是「空門」，如果小球進入這兩個洞，莊家便會全贏。別小看這兩個洞，這正是賭場獲利的關鍵所在。

賭客每次下注，贏的機率是0.4737。換句話說，每次下注，輸的可能性都比贏大一些。一次、兩次或許看不出影響，但隨著次數增加，賭客和莊家的差距就會逐漸顯現，最終將導致賭客血本無歸。

數學界有一個術語叫「酒鬼漫步」，講的也是同樣的道理：一個醉漢在懸崖邊走著，每一步都有0.4737的機率遠離懸崖，0.5263的機率接近懸崖。因此，從長期來看，他每走一步就會向懸崖逼近0.0526步（兩個機率值的差）。跌落懸崖可能需要很長時間，但這遲早會發生。

除了上述的客觀原因之外，從主觀層面來看，嗜賭者的結局也注定是血本無歸。這涉及了一個經濟學理論，稱為邊際效用遞減法則（The Law of Diminishing Marginal Utility）。邊際效用遞減法則的意思是：當消費者消費物品時，每增加一單位的物品，其帶來的效用會逐漸減少。例如，對一個飢餓的人來說，第一碗飯的效用最大，第二碗飯的效用則減少了，當吃到一定程度後，再繼續進食不但無益，反而會成為負擔。

購車的人也一樣，當他買了第一輛車時，感到生活變得更方便，並且帶來巨大的心理滿足感。當他購買第二輛車時，因為無法同時使用兩輛車，第二輛車帶來的效用就不如第一輛車來得大。當然，第二輛車可以作為備用車，也能增加他的炫耀資本。因此，總體效用仍在提升，但這種增加的幅度已不如購買第一輛車時那麼明顯。如果他繼續購車，除了要雇司機、安排停車位，還需考量防盜等問題，這些成本可能超過第三輛車帶來的效用，導致得不償失。

在賭場中，邊際效用遞減效應同樣展現其強大的影響力。美國經濟學家薩謬森（Paul Anthony Samuelson）曾指出：「增加一百元的收入所帶來的效用，往往小於失去一百元所造成的損失。」例如，一位賭徒到賭場遊玩，隨身帶著一千元，若贏得二百元，這時要求他離開賭場或許不會有太大問題；但若是輸掉二百元，要求他離開則會變得困難。這正是邊際效用遞減的具體顯現，從主觀上注定賭徒最終將血本無歸。

正因如此，反對人們賭博不僅是一種道德立場，更是一項明智的策略選擇。參加賭博時，贏的機率總是小於輸，這是一種負數期望值。不論選擇哪種賭局，必須進行多次賭博，而每一次都是負數期望值，根本無法將之轉化為正數期望值。這正好說明了「十賭九輸」的道理，並證明了這不僅僅是一句俗話，更是一句至理名言。

2.股市博傻，尋找下一個冤大頭

在一九〇八年至一九一四年間，經濟學家凱恩斯（John M. Keynes）開始全力以赴地兼任課程。他幾乎接下所有課程，從經濟學原理、貨幣理論到證券投資，無所不談，因此獲得了「按小時出售經濟學的機器」之評價。

事實上，凱恩斯如此全力以赴是為了日後能自由專注於學術研究，免受金錢困擾。然而，僅靠講課又能積攢多少金錢呢？後來，凱恩斯終於開始有所覺悟。一九一九年八月，他借了幾千英鎊進行遠期外匯投資。四個月後，他淨賺超過一萬英鎊，這相當於他講課十年的收入。然而，投機賺錢容易，虧錢也同樣輕而易舉。在賺了一萬英鎊之後，又過了三個月，凱恩斯連本帶利虧得精光。

投機者與賭徒一樣，總是心懷「一定要把輸掉的贏回來」的念頭。凱恩斯痛定思痛，半年後他開始涉足棉花期貨交易，並大獲成功，從此一發不可收拾，幾乎玩遍所有期貨商品，最終更進入股票市場。到了一九三七年，凱恩斯退休時，他已經積累了一生享用不盡的巨額財富。與一般賭徒不同，除了優秀的投資績效外，他還留下了極具解釋力的「賭經」——博傻理論（Greater Fool Theory）。

關於博傻理論，凱恩斯曾舉出一個有趣的例子：假設某報紙舉辦一場紙上選美活動，要從一百張照片中票選最漂亮的臉蛋。如果你選中的恰好是得票數最高的，就能不必抽獎而直接獲得精美獎品。在這種情況下，該如何選擇投票策略呢？正確的做法不是選擇自己真正認為最漂亮的那個人，而是預測多數人的想法，將票投給她，哪怕她醜得令人作嘔。

投機行為建立在對大眾心理的預測之上。炒作房地產的原理也是如此。例如，一位投資者可能並不知道某套房產的真實價值，但他為什麼會以每坪二十萬元的價格購入呢？因為他預期會有人以更高的價格從他手中購買。

凱恩斯的博傻理論：你之所以完全無視於某個東西的真實價值（即使它一文不值），並願意以高價購入，是因為你預期會有更傻的人願意以更高的價格，將之從你手中購入。只要自己不是最傻的那一個，就有獲利的機會，這只是贏得多與少的問題。如果沒有人願意出更高的價格，那麼你就成為了頭號傻子。

在股市中流傳著這樣一個小笑話，正是講述股市博傻理論的。

愛因斯坦（Albert Einstein）過世後，排隊等候進入天堂。因為排隊的人很多，愛因斯坦於是開始與他前面的人聊天。他問第一個人：「你的智商是多少？」第一個人回答：「201。」愛因斯坦感到驚訝，說：「201！這樣我就不會寂寞了，因為我可以和你討論相對論。」他又問第二個人：「你的智商是多少？」第二個人回答：「150。」愛因斯坦顯然有些失望，歎了口氣說：「也好，我們還是可以探討些數學問題。」他最後問第三個人：「你的智商是多少？」第三個人回答：「75。」愛因斯坦皺起了眉頭，良久之後說道：「看來我們只能談談股票了。」

博傻理論指出，投機市場有時不應以常理分析，反而以「非常理」運作才能獲利。當大家在博傻，尋找下一個冤大頭時，千萬不要玩得過火，保持半瘋半傻的狀態會更好。不要自以為聰明，認為總有比你更傻的接棒者。謹慎操作，遵守紀律才是最佳策略。即使遵守紀律會使你錯失一些機會，少賺一些錢，但卻能確保你逃過突如其來的行情反轉，避開破產的風險。

重點整理：

1. 賭場的規則設計和成本結構使賭客長期無法取勝，因為賭客面對的是負數期望值，隨著賭博次數增加，必然導致虧損。
2. 賭博就像醉漢在懸崖邊行走，隨機的每一步都有更高機率接近失敗，最終無法避免災難。
3. 在賭博中，每次贏錢的效用會遞減，但每次輸錢的痛苦卻逐漸增加，這導致賭徒難以在小輸後退出，最終血本無歸。
4. 賭博中的負期望值和邊際效用遞減效應，證明「十賭九輸」的說法具有數學和心理學依據。
5. 凱恩斯曾透過早期的外匯投資和期貨交易大賺一筆，但也經歷虧損，最終發展出對投資市場的深刻理解，形成了「博傻理論」。

6.在投機市場中，投資者往往無視真實價值，而是依賴找到下一個願意出更高價的「傻子」來接盤獲利。

7.投資者往往不以理性分析股市，而是依賴群眾心理預測股價，最終可能淪為「頭號傻子」。

8.投機者應避免過度貪婪，保持適當的謹慎與紀律，才能在市場突變時保全資金，避免破產風險。

大文豪蕭伯納（George Bernard Shaw）曾說：「經濟學是一門使人生幸福的藝術。」而在很多情況下，這門藝術其實建立在討價還價的報價基礎上，或者說，討價還價和報價本身是創造生活藝術的一種具體方法。

Chapter 16

最後通牒賽局：討價還價的策略

1.最後通牒賽局——討價還價的基本模型

假設我們要將一百元新台幣分配給兩個互不相識的陌生人。其中一位是提議者芋頭，另一位是回應者番薯。

分配這一百元新台幣的規則十分嚴格：兩人分別在不同的房間中，無法互相交流，只能透過擲硬幣決定誰有權分配這筆錢。分配者可以決定如何分配這筆資金，而另一位（應答者）則可以表示同意或拒絕。如果應答者表示同意，則交易成功；如果他拒絕，則兩人都將一無所獲。無論最終出現何種情況，遊戲都將結束，且不再重複。

假設芋頭和番薯都是理性人，這意味著他們的目標是追求自身利益的最大化，以此進行優勢決策。

在這個賽局中，參與者雙方不僅完全了解分配的金額，還知道對方的效用情況及賽局的後果，因此這是一個雙方參與、具有完整資訊條件的一次性動態賽局。

此時，如果你是兩人之中的一員，你該如何抉擇呢？直覺上，許多人認為應該將金額對半分，因為這種分法既「公平」，也容易被接受。然而，一些膽大的人認為，只需分給對方不足一半的金額，交易依然可以順利完成。

在做決定之前，你應該捫心自問：如果你是應答者，你會怎麼選擇呢？身為應答者，你唯一能做的，就是對分配給自己的金額表示同意或拒絕。如果對方只分給你百分之一，你會願意拿著一塊錢，而讓對方帶著九十九塊錢離開嗎？還是你寧可什麼都不要？如果對方只給你百分之〇・一，你又會怎麼選擇呢？一毛錢難道不比一無所獲更好嗎？

在這個遊戲中，討價還價是嚴格禁止的。提議者只能提出一個選擇，而應答者要麼同意，要麼拒絕。

那麼，你會分配多少金額給對方呢？分配者會猜測你的反應，最理性的做法就是留給你一點點，比如一分錢，而自己則獲得九十九・九九元。如果你接受，就能得到一分錢；如果拒絕，則一無所獲。

顯然，身為一個理性的人，無論對方分配多少錢給你，你都應該選擇同意，因為這是你的最佳策略。根據傳統的賽局理論，上述遊戲會出現多種納許均衡解，例如〔99, 1〕、〔98, 2〕、〔97, 3〕……〔1, 99〕。

然而，從追求自身最大利益的角度來看，提議者會盡可能地增加自己的分配比例，而應答者不應該拒絕任何大於0的提議，因為有總比沒有好。

但這種基於理性人假設的結果，在現實生活中能夠實現嗎？

過去二十多年來，許多經濟學家進行了這種賽局實驗，結果顯示，有三分之二的人開價在百分之四十至百分之五十之間，只有百分之四的人開價低於百分之二十。開出這麼低的比例會有一定風險，因為很可能會被對方拒絕。在所有的應答者中，有超過一半的人對低於百分之二十的開價表示拒絕。

這種賽局在賽局理論中被稱為「最後通牒賽局」（Ultimatum Game）。該賽局於一九八二年由柏林洪堡大學（Humboldt-Universität）的古斯（Werner Güth）、施密特伯格（Schmittberger）和施瓦茨（Schwarze）三位教授共同提出。

然而，這裡有一個令人困惑的問題：為什麼有人會以「太少」為理由而拒絕接受呢？

我們都知道，賽局理論隱含了一個前提：參與賽局的雙方都是完全追求收益最大化的理性人。然而，在最後通牒遊戲的實驗中，這一假設與實際結果大相逕庭。

根據美國學者的比較文化研究，結果顯示：無論是在亞馬遜流域的原始部落，還是西方的發達國家，實驗結果總是與基於人類自私的理性分析截然不同。與追求收益最大化的自私行為形成鮮明對比的是，全球大多數人都重視公正的結果。

賽局理論中的另一個核心前提是，賽局雙方都處於平等的地位。然而，在現實生活中，參與賽局的雙方幾乎不可能完全平等。

最後通牒賽局是一個討價還價問題的基本模型，揭示了討價還價中的幾個關鍵特徵。

首先，這表明討價還價的雙方都以追求自身利益最大化為目標。

其次，它揭示了討價還價雙方並非處於絕對平等的地位，雙方在實力、資訊等方面存在著不對等。

最後，最後通牒賽局顯示，討價還價是一種動態過程。在此過程中，只要談判尚未結束，協議便不成立；此外，當一方的出價或還價超出對方的心理底線時，即便對方仍有利可圖，也可能拒絕這筆交易，導致談判破裂。這正是最後通牒賽局對理性人假設的挑戰。

2.討價還價中的「定錨效應」

某位窮困的書生為了維持生計，打算將一幅字畫賣給一位財主。書生認為這幅字畫至少值二百兩銀子，而財主則從另一個角度出發，認為它最多值三百兩。因此，若雙方能順利成交，成交價格應會落在二百至三百兩銀子之間。

若將交易過程簡化為：財主先開價，書生再選擇成交或還價時，當財主接受書生的還價，交易便順利完成；若不接受，交易則終止，買賣無法達成。

在這個討價還價的過程中，因為財主認為字畫最多值三百兩，只要書生的還價不超過這個數字，財主就有可能接受。

此時，書生的第一次要價顯得十分重要。若財主開價二百三十兩，而書生要價二百八十兩，剛好未超過三百兩，財主很可能就會接受。同樣地，若書生不過於貪心，當財主出價二百三十兩，書生認為此價格已高於其底線二百兩，也可能選擇接受成交。

因此，財主的第一次出價和書生的第一次要價都非常關鍵，因為這是彼此接受到對方意願的第一手資訊，足以影響其心理，進而在該資訊的引導下做出有利於自身的決策。

心理學中有一個名詞叫「定錨效應」（Anchoring Effect），指的是當人們在做決策時，思維常常會被初始獲得的資訊所影響，這些資訊就像沉入海底的錨一樣，將你的思維鎖定在某個點上。在討價還價的過程中，意指你的第一次出價或要價將使對方的思維鎖定在某個範圍內，進而影響對方據此做出相應的決策。

在某知名夜市的同一條街上，開著兩家賣粥的小店，分別是甲店和乙店。這兩家店無論在地理位置、客流量、粥的品質還是服務水準上都差不多。從表面上看，兩家店的生意同樣興隆。然而，每天晚上結算時，甲店總是比乙店多賺幾千元。為什麼呢？差別就在於服務生的一句話。

當客人走進乙店時，服務生熱情招呼，盛好粥後會問：「請問您要不要加雞蛋？」有的客人加，有的客人不加，約各占一半。

但在甲店，服務生也同樣熱情招呼，禮貌地詢問，但問的方式不同：「請問您要加一顆雞蛋還是兩顆？」面對這樣的選擇，愛吃雞蛋的客人會加兩顆，不愛吃的也會選擇加一顆。當然，也有人選擇不加，但這樣的情況很少。因此，一整天下來，甲店總會比乙店多賣出不少雞蛋，營業收入自然也就高出許多。

在乙店，你選擇的是「加還是不加雞蛋」；而在甲店，你則選擇「加一顆還是加兩顆雞蛋」。由於提供給消費者的選項不同，最終讓顧客做出截然不同的決定。

在日常生活裡討價還價的過程中，我們大可以運用定錨效應，達到事半功倍的效果。生活中的討價還價，就像書生和財主之間的買賣一樣，都是一種賽局過程。如果你能在策略中運用一些「定錨效應」，勝算自然會增加不少。

3. 報價的藝術

在討價還價的過程中，報價是一門深奧的藝術。一個優秀的推銷員，通常不會直接逼問顧客：「你願意出多少錢？」他可能會不動聲色地說：「我知道您是行家，經驗豐富，肯定不會出到二十萬，但也不可能以十五萬的價錢買到。」這些話看似隨意，但實際上是在利用先報價的優勢，無形中將討價還價的範圍限制在十五至二十萬之間。

很明顯，先報價占據了一定的優勢，有一定的好處。但同時，它也洩露了部分訊息，讓對方得以將心中未公開的價格與報價進行比較，再做出調整：合適就立刻成交，不合適則會設法壓價。此時，後報價者反而獲得了一種後發優勢。

我們可以回到上一節中書生和財主的討價還價博弈。顯然，若財主開出低於二百兩銀子的價位，書生必會拒絕。如果財主開價二百九十兩銀子購買字畫，書生在這一輪同意的話，便能賣得二百九十兩；如果書生不接受這個價格，反而在第二輪博弈將價格提高到二百九十九兩銀子時，財主仍然會買下這幅字畫。

然而，如果書生想獲利更多，他可能會繼續還價。細心的讀者應該會注意到，在這個例子中，財主先開價，書生後還價，最終書生應能獲得最大收益，這正是一種後出價的後發優勢。

事實上，如果財主了解賽局理論，他可以改變策略：要麼選擇後出價，要麼先出價，但言明不允許書生討價還價。如果財主選擇一次性報價，當書生不接受時，財主就放棄購買書生的字畫；在這樣的條件下，只要財主的出價略高於二百兩銀子，書生就一定會同意將字畫賣給財主。因為二百多兩銀子已經超出了書生的心理價位，否則一旦買賣無法成交，他將無法獲得一分一毫，只能繼續受凍挨餓。

在賽局理論中已證明，當談判是多階段中的單數階段時，先開價者具有先發優勢；而在雙數階段時，後開價者則擁有後發優勢。因此，先報價和後報價各有利弊。在談判中，選擇「先聲奪人」還是「後發制人」應根據不同的情況下靈活運用。

普遍來說，如果你準備充分，且對對方有充分了解，就應該爭取先報價；如果你不是談判高手，而對方是，那麼你應該保持冷靜，不要先報價，而是從對方的報價中獲取資訊，並及時修正自己的想法。但是，如果你的談判對手是外行，那麼無論你是「內行」還是「外行」，都應該要爭取先報價，以便牽制誘導對方。不論是先報價還是後報價，都需要有良好的策略，以及一些特殊的報價方法，這涉及了語言表達的技巧。同樣是報價，運用不同的表達方式，其效果也會有所不同。

接過保險行銷電話的朋友都知道，保險電銷業務常常以「每天只需幾元，健康有保障」來吸引客戶投保。這種說法運用了「除法報價法」，將原本讓人感到有壓力的數字除以時間（天數），使金額縮小，令人產生便宜、價格低廉的感覺。但如果把數字還原，每天五十元，每月就要一千五百元，每年要一萬八千二百五十元，效果就大相逕庭。由於人們覺得一萬八千二百五十元是一個不小的數字，若使用「除法報價法」，每天五十元的報價在心理上較容易讓人接受。

除了這種「除法報價法」之外，還有一種「加法報價法」。有時商家擔心高價會嚇跑客戶，便將價格分解成若干層次，逐步提出，讓幾次報價累積後仍等於心目中的理想價位，這就是「加法報價法」。

假設一位文具商正在向畫家推銷一套文房四寶，如果他直接報出一個高價，可能會嚇跑畫家，導致交易無法談成。但文具商很有技巧地分次報價，先從較低價格的毛筆開始；成交後再談墨的價格；待毛筆和墨水賣出後，再接著談紙的價格，最後談硯的價格，逐次墊高價格。當畫家已經買了毛筆和墨水，自然想要「配套成龍」，不忍放棄紙和硯，因此文具商便能成功達成交易目標。

大文豪蕭伯納曾說：「經濟學是一門使人幸福的藝術。」在許多情況下，這樣的藝術建立在報價的基礎上；換句話說，討價還價和報價本身可說是創造生活藝術的具體良方。

4. 討價還價要考慮成本

討價還價本身就是一種成本。例如，在生活中，戀人之間為了決定晚餐是吃中餐還是西餐，商量所耗費的時間就是一種成本；同時，戀人之間的爭執，對雙方感情的損害也是一種成本之一，這些成本往往遠高於商議成功所帶來的好處。這告訴我們，任何討價還價都不可能毫無限制的任意進行。因為，討價還價的過程必定伴隨著成本，在經濟學中，這種成本稱為「交易成本」。

為了簡單地說明這個問題，我們可以用以下案例來解釋。

假設一對戀人商議分食一塊蛋糕，這塊蛋糕是冰淇淋蛋糕而非一般的奶油蛋糕。在兩人討價還價的過程中，冰淇淋蛋糕會逐漸融化。我們可以簡單地將融化的部分視為這個討價還價過程中的交易成本。

最初，討價還價的第一輪由女方提出要求，如果男方接受條件則談判成功；若男方不接受條件，則進入第二輪。第二輪由男方提出條件，若女方接受則談判成功，女方不接受，於是蛋糕融化，談判失敗。

對女方來說，最開始提出的要求非常重要。如果她的條件男友完全不能接受，蛋糕就會融化一半；即使第二輪談判成功，所得的結果也不可能如第一輪時降低條件所取得的收益來得大。

因此，女方在第一輪提出條件時需考慮兩點：首先要判斷是否能阻止談判進入第二階段；其次，還需顧及男友如何看待這個問題。

再看最後一輪，蛋糕在第二階段只剩下原本大小的1/2，因此，女方在第二階段即使談判成功，也得不到1/2的蛋糕；但如果談判失敗，則什麼都得不到。

從最後一輪反推至第一輪，男方知道女方在第二輪最多只能得到1/2的蛋糕，因此當女方在第一輪要求的蛋糕大於1/2時，男方便可提出反對意見將談判延續到第二輪。

若女方對男方的算盤心知肚明，經過深思熟慮後，她在第一階段的初始要求應該不會超過蛋糕大小的1/2。因此，當她一開始便要求1/2個蛋糕時，談判便會順利結束。這個討價還價的結果是男女戀人雙方各吃一半的蛋糕。

這種附帶交易成本的賽局，最明顯的特徵便是談判者應盡量縮短談判的過程，以減少耗費的成本。就冰淇淋蛋糕的談判來看，就是避免讓蛋糕融化太多。

我們再來看看當談判有三個階段時是什麼樣的結果。為了便於論述，假設這時蛋糕每經過一輪討價還價就會融化掉1/3，最終在經過兩個談判階段後，蛋糕將全部融化。

動態賽局一般採用倒推法來判斷。從最後一個階段來看，即使談判成功，女方最多只能得到剩下的1/3個蛋糕。由於男方知道這一點，因此在第二階段輪到自己提出要求時，他要求兩人平分第一輪過後剩下的2/3個蛋糕。

女方如果夠聰明，能在第一輪時就知道男方第二輪的想法，便可在第一輪之初提出直接答應給男方1/3的蛋糕。男方只要明白即使不同意這個條件，一旦談判進入第二輪，自己最多也只能得到1/3個蛋糕，如果將談判再拉長到第三輪，雙方幾乎就分不到蛋糕，因此男方一定會接受這個初始條件。

這個三階段的分蛋糕談判，最終的結果是男方分得1/3的蛋糕，女方分得2/3的蛋糕。

在這個典型的談判過程中，如果雙方都不妥協，蛋糕將隨著雙方的討價還價而越來越小，融化部分的成本將越來越大。儘管最後一個提出條件的人可以獲得剩下的所有成果，但若要等到整個談判過程結束，實際上也幾乎已經沒有什麼可以獲取的。雖然最終獲得了「全部」，但這個「全部」的實際意義卻是什麼也沒有。因此，在討價還價的過程中，我們應考慮所耗費的成本，並儘早達成對雙方都有利的協議。

5. 如何談薪資問題

如果你即將踏入職場，或已是一位職場人士，那麼你與面試官或老闆之間所進行最驚心動魄的討價還價，必定是圍繞著薪資所展開的。勞方希望收入能夠反映自己的付出，而資方則意圖使讓支出更適合自己的贏利目標。

那麼，作為在這場討價還價中明顯處於弱勢的你，該如何爭取到讓你滿意的薪水呢？

我們先來看看作為求職者的你，該如何與雇主進行討價還價。在與雇主談判薪資時，如果開價過高，可能使雇主感到反感；而若開價太低，自己又會不甘心。遇到這個難題時，可以含蓄地表達出自己的意願，藉此使雇主給出一個相對合理的薪資待遇。

有家家具公司正在招聘一名行銷企劃，前來應聘的人數眾多。在面試結束前，考官會詢問求職者：「您期望的待遇是多少？」許多求職者通常含蓄地回答：「依公司規定。」然而，小王卻這樣回答：「我期望能獲得一個合理的待遇。就學歷而言，我畢業於研究所，已高於貴公司所要求的大專學歷；就專業而言，我專攻市場行銷，十分符合貴公司的需求；就成績而言，我在班上排名前五，專業知識扎實；就能力而言，我在大學時期擔任學生會主席，組織與領導能力也相當不錯。如果我能加入貴公司，必能為貴公司帶來良好的效益，而我也期望能得到相應的回報。因此，我希望能獲得不低於該職位現有員工的待遇。請問我的要求是否過分？」

考官聽後，微笑著說：「您的要求確實合理，並不過分。既然您是人才，我們自然應該適當提高待遇。您的要求我們可以滿足。」

從上例中我們可以看出，在與求才單位進行薪資的討價還價時，最好慎重回答，因為這顯示考官已有意願錄取你，但稍有不慎就可能前功盡棄。面對這個問題，小王不動聲色地將話題從薪資轉向展示自己的實力——他的學歷、專業、能力等優勢，讓考官覺得值得為他提供高於一般水準的薪資。

這樣的回答自然迴避了敏感問題，使他從被動轉為主動的有利位置。最後，小王提出了一個含蓄且合理的薪資要求，即不低於現有員工的標準。這個要求看似不過分，實則並不低，因為老員工經過多年努力已經經歷過加薪，薪資通常高於入職時的水平。小王若能一進公司便達到這一標準，薪水自然高於其他新人，對於初入公司的求職者來說，這樣的待遇已是相當不錯。

那麼，如果你已經是一位職場人士，該如何讓老闆為你加薪呢？

首先，作為員工，如果你想加薪，就必須主動提出。如果你不主動，無論採取什麼策略都無濟於事。在與老闆討論加薪時，除了要把加薪的理由逐條列出，詳細說明你對公司的貢獻，並解釋為什麼應該提升你的薪資之外，最重要的是確定你所要求的加薪幅度。提出的數字應該略高於你的預期，這樣在討價還價的過程中，才有談判的餘地。

一般人在請求老闆加薪時，通常提出的數字都不高，但這種小幅度調整的策略反而對自己不利。當你提出的數字越低，老闆對你的價值評估也越低。若薪資要求過低，反而更容易讓老闆對你產生負面的看法。相反地，若你提出的數字合理且略高，會促使老闆重新審視你的價值，並對你的工作與貢獻做出更公平的評估。即使最終無法達到你的要求，老闆仍有可能改善你的工作條件，或對你更為重視。他對你的看法因此產生轉變，進而對你另眼相看。

反之，若你提的數字過低，甚至沒有明確的要求，那麼你的工作條件很可能是最艱苦、待遇最差、工作時間最長的。總而言之，如果連你自己都輕視自己的職場價值，就別期待老闆會看重你。對薪資的要求過低，其實就是輕視自己。

其實，在你與老闆的談判過程中，你提出的加薪幅度可能與老闆對你的評價有所不同，這就是心理學中的「認知不一致」。然而，老闆通常會試圖調和這種不一致，根據對你能力和價值的綜合評估，決定合適的加薪幅度，並據此進行談判。但如果你選擇不主動表達這種「認知不一致」，將可能使你在加薪的談判中處於不利的位置，因為老闆仍會依據他對你的既定看法做出判斷。唯有當你提出不同的觀點時，才能促使他從不同的角度他重新評估你的價值，當老闆能以新角度看待你時，則更有機會與你達成對你更有利的共識。

總而言之，在加薪談判的過程中，雙方可以經由彼此相互表達需求和理由，尋找雙方均能接受的解決方案，避免因為堅持各自的立場而僵持不下，甚至導致雙方都遭受損失。

重點整理：

1.最後通牒賽局是一種基本的討價還價模式，這顯示雙方在資訊不對稱的情況下之賽局過程。理性假設下，應答者應該會接受任何大於0的提議，因為有總比沒有好。然而，實驗結果卻顯示，很多人會拒絕過低的報價，這反映出現實裡人們對公平的重視有時甚至超越了純粹獲取最大利益。

2.在討價還價中，第一次報價會對雙方的決策產生深遠影響，這被稱為「定錨效應」。首次提出的價格就像「錨」一樣，會固定對方的思維範圍，進而影響後續的討價還價策略。

3.先報價與後報價各有利弊。先報價可以奠定談判基調，但也會暴露自己的底價；而後報價則能根據對方的報價進行調整。使用不同的報價技巧（如除法報價、加法報價）在談判中能有效地影響對方的心理，提升成功率。

國家圖書館出版品預行編目資料

從賽局理論看厚黑人性 ： 突破人生盲點的關鍵思維 / 江子珉編著 · ——初版——新北市：晶冠出版有限公司，2024.11
面；公分 · ——（智慧菁典系列；32）

ISBN 978-626-99005-1-0（平裝）

1. CST: 人生哲學　2. CST: 博奕論

191.9　　113016373

智慧菁典　32

從賽局理論看厚黑人性
——突破人生盲點的關鍵思維

作　　者　江子珉
行政總編　方柏霖
副總編輯　林美玲
校　　對　蔡青容
封面設計　王心怡
出版發行　晶冠出版有限公司
電　　話　02-7731-5558
傳　　真　02-2245-1479
E-mail　ace.reading@gmail.com
facebook　https://www.facebook.com/ace.reading
總 代 理　旭昇圖書有限公司
電　　話　02-2245-1480（代表號）
傳　　真　02-2245-1479
郵政劃撥　12935041 旭昇圖書有限公司
地　　址　新北市中和區中山路二段352號2樓
E-mail　s1686688@ms31.hinet.net
印　　製　福霖印刷有限公司
定　　價　新台幣360元
出版日期　2024年11月 初版一刷
ISBN-13　978-626-99005-1-0

※本書爲改版書，
原書名爲《博弈心理學：占據主動的策略思維》。